鹿峯先生全集

鹿峯先生全集

녹봉선생전집

劉彦一 著
金侖壽 編

학자원

녹봉선생전집 해제

안의삼동의 유교학자와 일두서원

〈녹봉 유언일과 황암서원 및 녹봉서원〉

조선시대 학맥은 스승의 선택과 선택의 여지없는 전승으로 이어졌다. 충청도 노론과 소론 시대 경상도와 전라도는 변방이었으므로 중앙은 충청도, 나머지는 지방이었다. 경북의 퇴계학맥도 마찬가지로 경북이 중앙 스승이고 나머지는 지방 스승이다. 함양에서도 지방 스승에게 배우고 충청도로 경북으로 중앙 스승을 찾아 유학하여 학맥을 계승하였다.

황고(黃皐) 신수이(愼守彝, 1688~1768)가 지방 스승 유탄도에게 배우고 50세의 늦은 나이로 중앙 스승 도암(陶庵) 이재(李縡, 1680~1746, 문헌공실기개편중간)에게 집지한 것은 학맥의 계승이었다. 녹봉 유언일도 황고의 수제자이면서도 굳이 중앙 스승 역천(櫟泉) 송명흠(宋明欽, 1705~1768, 월성초당중건)에게 배운 것도 같은 이유라고 하겠다.

녹봉(鹿峯) 유언일(劉彦一, 1725~1797)은 함양 심진동 하비에 살았다. 진사, 문과, 교서관 정자 유덕개(劉德蓋, 1537~?)의 5세손이고, 난곡(蘭谷) 우석일(禹錫一, 1612~1666)의 손서이다. 우석일의 셋째 아들이 자연당(自然堂) 우공(禹瀇,

1660, 현종1~?)이고 우공의 사위가 유언일이다. 우공의 아들 사유헌(四有軒) 우홍점(禹洪漸, 1686, 숙종12~1763)과 처남매부지간이 유언일이다. 우홍점의 아들이며 유언일의 처조카가 신천(新泉) 우사흠(禹師欽, 1702, 숙종28~?)인데 나이차가 23세나 연상이다.

유언일의 아들은 유호(劉瑚, 1749, 영조25~?)와 유련(劉璉)이고 유련은 뒤에 유언인(劉彦仁)에게 양자갔다. 사위는 평촌(坪村) 박지순(朴之淳, 1749~1810)인데 지족당(知足堂) 박명부(朴明榑, 1571~1639)의 6세손이다.

황고는 성팽년의 후손, 녹봉 제자 성여채 등이 녹봉을 위하여 서당을 지어주자 기문을 지어주며 격려하였다. 녹봉서당은 안의삼동 유람객들의 숙소로도 활용되었다. 1795년(정조19) 9월 당시 남원 땅 현재 장수군 선비 명은(明隱) 김수민(金壽民 1734~1811 자字 제옹濟翁, 본관 부안)이 안의삼동을 유람하였다.

김수민의 여정을 더 살펴보면 우정전가(禹廷全家)에서 삼박, 당시 현감 연암(燕巖) 박지원(朴趾源 1737~1805, 1792~1796재임)이 지은 연상각(煙湘閣), 하풍죽로당(荷風竹露堂) 등을 보고 풍자시를 짓고 안의향교를 지나 지대촌(止垈邨 안의현 지대면知代面, 안의면 신안리)에서 사박, 23일에 녹봉서당(鹿峯書堂 안의면 하원리 하비마을)으로 녹봉(鹿峯) 유언일(劉彦一 1725~1797, 황고 신수이 문인)을 방문하고, 심진동에 들어가 장수사(長水寺)에서 오박, 24일에 용추폭포(龍湫瀑布)를 보고 용추암(龍湫庵)에서 서산(西山), 송운(松雲), 무학(無學), 문곡(文谷)의 영정을 친견하고, 도솔암(兜率庵)에 올랐다가 녹봉서당에서 육박, 25일에 위천면 상천리(上川里)에서 칠박, 26일에 면우곡(眠牛谷 위천면 강천리 면동)에서 팔박, 27일에 수승대(搜勝臺)를 거쳐 갈천동(葛川洞)에서 구박, 28일에 남령(藍嶺)을 넘어 영각사(靈覺寺)에서 십박, 29일에 화엄판전(華嚴板殿)을 보고 육십령(六十嶺)을 넘어 귀가하였다.

김수민이 10년 연하사로서 사칠이기론에 대해 녹봉에게 질의하며, 퇴계와 율곡이 각기 입론이 있는데 어느 것을 따르냐고 물으니 녹봉은 기호학파답게 율곡의 논의를 위주하라고 답하였다.

녹봉의 일관된 사상은 북벌사상이다. 북학파 실학자 수령 안의현감 연암 박지원과 교유하였지만 우암학파답게 10세에서 73세까지 초지일관 북벌을 주장한 것은 실학만능의 시대에 이채로운 일이다. 북벌론을 반청숭명(反淸崇明)이라는 전통적 화이관, 주자학적 의리관, 명분론에 입각한 것이라고 비판하고 그와 대립되는 사상을 북학파라고 호평해온 것이 사실이다.

북학파의 종장 연암 박지원이 안의현감으로 재임하였고, 그보다 앞서 북학파의 학자 아정 이덕무가 사근도찰방에 재임하여 함양 지역이 북학파의 경륜 실천 무대였다. 그때 토박이로서 북벌론의 기치를 높이 든 학자가 있었으니 심진동의 대학자 녹봉 유언일이었다. 청나라가 쇠퇴기에 접어든 시기에 북학이 아닌 북벌을 추진하여 100년을 준비했다면 청일전쟁에서 승리한 일본보다 먼저 청나라를 점령했을 것이다.

북벌의 역사(압록강두만강돌파)

묘청의 북벌론(1135)
공민왕의 북벌(1370, 요동성점령)
최영의 북벌(1388, 위화도회군)
정도전의 북벌(1398, 피살종료)
효종의 북벌(1659, 서거종료)
유언일의 북벌론(1796)
맥아더의 북벌론(1951)

황고는 녹봉에게 마음 심을 강조한 심자통운의 절구〈贈劉子精 彦一○二首〉를 2수나 지어주며 격려하였다. 황고는 황석산성 유적인 황암사의 주관인 이성혁의 요청으로 사당의 중수기〈황암사우중수기〉를 짓고 상량문〈황암사우중수상량문〉과 춘추 향제 개축문(改祝文)〈황암사우춘추향개축문〉을 지었다. 황암서원에는 수령이 아닌 순국자를 위하여 별묘를 세워 제향하였다. 그 별묘를 중수할 때 기적문(記蹟文)〈황암별묘중수상량시기적문〉과 개축문〈황암별묘춘추향개축문〉을 짓기도 하였다. 황고의 제자 녹봉은 강당의 중수 상량문〈황암서원강당중수상량문〉을 지었다.

역천이 지리산 유람할 때 쫓아간 녹봉에게 불교문자를 섞어 장난삼아 지어준 시〈劉子精 彦一 追至智異山後 爲誦其送友詩求和 戲作禪語以答之〉가 남아있다.

녹봉은 당시 안의현감 연암 박지원과 동시대에 살았다. 어진 사람과 문헌을 찾아다닌 연암의 특성으로 보아 녹봉을 방문하고 예를 표했을 것으로 보이나 아직 관련 사항은 미상이다.

연암이 현감으로 부임하고 용추폭포에서 기우제를 지낼 때 노학자 유처일(劉處一)이 축관으로 참여한 적이 있는데 그가 입은 학창의를 연암이 입고 있다가 되놈옷 입었다고 누명을 쓴 일이 있었다. 언(彦)과 처(處)는 글자가 유사하니 유언일의 오자일 가능성이 높으나 증명할 문헌이 없다.

≪녹봉선생유사실록≫에서 용추폭포 기우제에 참석했다는 기록은 없으나 녹봉이 안의현감 조광규와 박지원에게 원로 대우를 받고 숨김없이 충고를 해주어 유모같은 선비를 본 적이 없다고 감탄할 정도였으니, 유처일은 오자고 유언일이라고 봄이 합당하다. 연암이 존숭한 원로 학자가 유언일이고 그 옷 학창의를 본따 지어 입었다가 비난을 듣게 만든 사건의 배경 인물이다. 은밀히 비난한 사람은 박지원이 절교를 선언한 함양군수 윤광석이었다고 한다.

녹봉서당은 한때 녹봉서원으로 불리기도 하였다. 녹봉 생전에 지은 녹봉서당에 사후 제자들이 사당을 지어 추모했으니, 서원의 규모는 갖춘 것이다. 1843년(헌종9) 감모재(感慕齋) 노광두(盧光斗 1772~1859)가 녹봉서원(鹿峯書院) 상량문을 지었다. 노광두는 함양 출신으로 옥계(玉溪) 노진(盧禛)의 아우의 후손으로 황고 손자 황강(黃岡) 신성진(愼性眞 1752~?)의 문인이고 이계(尼溪) 박내오(朴來吾 1713~1785))의 외손이다. 문과 급제하고 호조 참판까지 지냈다.

산청 선비 병와(病窩) 송심명(宋心明 1788~1850)이 1847년(헌종 13) 4월 함양

의 정동응(鄭東膺) 및 안의 성북의 박정기(朴禎箕) 등과 함께 산천 유람을 떠났다. 수망령(水望嶺)을 넘어 함양의 은신암(隱身庵), 장수사(長水寺), 용추폭포, 풍류암(風流巖), 녹봉서원(鹿峯書院), 월연암(月淵巖), 대고대(大高臺)를 거쳐 산청을 지나 귀가하였다. 송심명은 남명의 연원으로 존양재(存養齋) 송정렴(宋挺濂)의 6대손이며 삼가의 유전(柳田)에서 정조 12년에 태어나 철종 1년에 별세하였다. 감모재 노광두와 이종(姨從)으로 친하였다. 성리학과 서법에 뛰어나고 산수 유람을 좋아하였다.

진주목 종화리 현 하동군 옥종면 종화리 출신 선비 월촌(月村) 하달홍(河達弘, 1809~1877)이 안의삼동을 유람하고 심진동기를 지었는데 심진 기행 때 심진동 첫 방문지가 녹봉서원이었다. 심원정, 용추폭포, 은신암을 탐방하였고, 수승대의 갈천 임훈, 모리의 동계 정온, 월성의 동춘당 송준길의 역사유적이 유명한데 용추폭포는 명현이 없어 지역이 불우하다고 탄식하였다. 남계서원 초대 별유사(1847~1849)는 정동휴(鄭東休)인데 하달홍과 같이 전국유람을 다녔다.

명현이 없는 게 아니라 홍보가 덜 되어 알려지지 않은 것이니, 용추폭포 지역의 불찰이다. 안음현감 동방오현 일두 정여창이 폭포 위에 물고기를 방류하여 일두어라 불리고 번식이 잘되어 장수사 유학생 옥계 노진이 다 잡아먹을 뻔하였다고 뒷날 장수사를 유람하며 회고하였다. 연암 박지원도 안의현감으로서 용추폭포에서 기우제를 지냈으니 어찌 명현이 없다고 할 것인가. 잘 몰랐을 뿐이건만.

지금 그 터엔 축사 폐수에 찌들은 순조 19년(1819)에 세운 녹봉서당비만 서 있는데 녹봉 아들 유호의 청탁, 녹봉 문인 신성항(황고의손자)의 글, 유방의 전액, 우하성의 글씨로 남아 있다. 북벌론의 큰 기상과 기개가 서려 있던 녹봉서원이 빈터조차 지키지 못하고 축산폐수에 황폐화된 채로 방치되고 있으니 북벌의 의지조차 황폐화된 것 같아 씁쓸하다.

녹봉의 문집과 자료들이 간행되지 못하고 필사본 초고 상태로 서울대학교 규장각에 보존되어 있다.

한 집안이나 한 고을의 문풍, 학풍, 사풍은 당사자의 문집을 간행하여 보급하고 서원을 세워 향사하는 것으로 대표성을 갖는다. 일두 정여창 선생의 〈문헌공실기〉가 〈일두문집〉으로 간행된 것은 크게 유의미한 일이다. 한국고전번역원에서 원문정보 제공하는 한국문집총간에 〈일두문집〉이 수록되어 보급됨으로써 일두연구에 큰 공헌을 하고 있기 때문이다.

일두 주향의 세계문화유산에 등재된 남계서원에는 선비가 세운 최초의 서원에 조선인물 최초로 향사되는 광영이 빛난다. 안의 선비들이 선정과 학덕을 기려 세운 용문서원은 갈천 임훈이 짓고 세운 문헌공정선생사당비만이 외로이 서있는데 서원을 복원하여 안의 유교문화의 전통을 회복하는 일이 시급하다. 갈천이 남계서원을 위해 지은 한국 최초의 서원 권선문도 선양할 필요가 있다.

안의삼동의 유교학자 8현을 택해 서술했는데 원학동에서 갈천 임훈, 석곡 성팽년, 동계 정온, 황고 신수이 등이고 심진동에서 녹봉 유언일, 화림동에서 지족당 박명부, 속천 우여무, 난곡 우석일 등이다. 안의 지역의 대표서원 용문서원에는 일두 주향에 갈천 임훈, 첨모당 임운, 동계 정온이 배향되었고, 용문서원장을 지낸 지족당 박명부나 유공한 속천 우여무는 배향이 추진되지 않았다.

동계는 일두 사대 사액서원인 함양의 남계서원, 안음의 용문서원, 거창의 도산서원, 종성의 종산서원에 모두 배향되었다. 명망이 높은 인물임을 방증하는 것이다. 가까운 고을 합천의 이연서원에 배향되지 않은 것은 석연치 않다.

일두 삼전제자 석곡 성팽년과 요수 신권이 병향된 구연서원에는 황고 신수이가 배향되었고, 난곡 우석일은 배향이 추진되다가 무산되었는데 지금이라도 재추진하여 성사시킬 필요가 있다. 일두 삼전제자 대소헌 조종도가 존재 곽준과 병향된 황암서원에는 진주성에서 순국한 의병장도 배향되어 있으니 황석산성에서 순국한 일두 손자 정언남과 효자로 순절한 일두 증손 정대민을 황암사에 배향할 필요가 있다. 황암사에 강당과 동서재를 건립하여 황암서원으로 복원할 일이 유교 서원 부흥을 위하여 필요하다.

안의지역의 서세동점 노론서원 성천서원은 한때 안의에 은거하였던 동춘당 송준길이 주향이고 경상도관찰사 이숙이 배향이다. 1811년 동춘당 후손 역천 송명흠을 추배하였다. 도암 이재와 황고 신수이도 배향이 추진되다가 서원금령에 걸려 무산되었다. 성천서원이 안의면 향교 옆 옛터에 복원된다면 황고와 역천의 문인, 성천서원에서 강론한 녹봉 유언일도 배향될 자격이 충분하다.

일두 정여창 – 신고당 노우명 – 옥계 노진 – 석곡 성팽년 – 동계 정온 및 지족당 박명부, 옥계 노진 – 대소헌 조종도로 학맥이 이어졌다. 일두 사전제자 지족당 박명부는 일두 재전제자 옥계 노진의 신계서원(사액 당주서원)을 중건하고 필요한 사항을 해결한 공신이고 녹봉 유언일은 황암서원에 공헌하였으니 배향될 요건은 갖춘 셈이다.

갈천은 일두를 위하여 한국최초의 서원권선문을 지었고 문헌공사당비문을 짓는 등 일두를 존모하고 행동했으니 일두의 사숙제자라고 할 만하다. 일두의 사숙제자 갈천의 제자에 석곡이 있고 석곡의 제자에 동계와 지족당이 있다. 그 동계의 제자에 부자지간인 속천과 난곡이 있다. 영정조 때 황고와 그 제자 녹봉이 있어 안의학풍을 이끌었다.

한국고전번역원의 한국문집총간에 수록된 문집은 연구에 편리하다. 본고의 8현에서 임훈의 갈천집, 정온의 동계집, 신수이의 황고집만 문집총간에 수록되었고, 성팽년의 석곡집, 박명부의 지족당집, 우여무의 속천집, 우석일의 난곡유고, 유언일의 녹봉집은 제외되었는데 수록되도록 노력할 필요가 있다.

심진동의 대학자 녹봉 유언일의 문집 자료가 규장각에 필사본 초고 상태로 보존되어 있는 것도 영인, 번역의 보급, 연구 활성화가 시급하다. 녹봉서원상량문을 지은 함양 선비 노광두의 〈감모재집〉이나 그 족제 노광리의 〈물재집〉, 화림동의 대학자 전병순의 〈부계집〉 등등 함양 선비들의 문집이 한국고전번역원의 한국문집총간에 소외된 것이 많이 있는데 다수 수록되어 연구에 편리

하게 이바지되도록 함양군 차원에서 수록 촉구에 노력을 경주할 필요가 있다.

이번에 학자원 출판사에서 녹봉선생전집으로 영인본 출판을 할 수 있게 되어 기쁘게 생각하며 이 책은 규장각에 소장되어 있는 유언일의 녹복선생문집, 녹봉선생유사실록(녹봉서재기는 유사실록 상하권의 하권에 해당한다)을 모아 전집으로 출판하는 것으로 안의학 내지 함양학, 함양노론학맥, 황고녹봉학의 연구에 기여함이 있길 바란다.

녹봉선생문집을 일반 문집 체제로 개편한다면 다음과 같다. 다만 일반 문집에 있는 가장, 행장, 묘비문, 묘갈명, 묘지명, 소전 등이 결여된 것은 부족처이다.

녹봉선생문집

詩錄

제1권

五言絶句 13수, 五言四韻 9 首, 五言長篇 1首, 七言絶句 23首, 七言四韻 40首 총 86首

文錄

제2권

說 2편(未發之前無氣質之性說, 河洛理氣辨說). 錄 1편(病夢錄), 잡저 1편(中庸或問抄).

제3권

時弊問答 1편, 書 2편(上趙明府光逵, 答李武山鳳興書), 上樑文 1편(黃巖書院講堂重修上樑文), 碑陰文 3 편(五世祖正字公碑陰文, 巨濟縣令鄭公芝榮碑陰文, 烈女權姓旌閭碑陰), 呈書 1편(黃皐愼先生五父子呈書), 疏 1편(求言應製疏), 自狀 1편, 記 2편(從師懷川記, 鄕射堂詠梧館記), 遺事 1편

(四有軒遺事), 祭文 11편(祭四有文, 祭族叔以中文, 祭櫟泉先生文, 祭黃皐先生文, 祭戚兄愼處士德明文, 祭持平愼公認明文, 祭老山愼公道明文, 祭老溪愼友義明文, 祭月洞李友聖復文, 祭柳友仁老宅壽文 등). ※ 목록에는 祭郭友可績君元文이 있으나 본문에 누락되었다.

附錄

제4권
居昌劉氏世糸, 鹿峯先生遺事實錄(1799), 鹿峯書齋記(1766),

제5권
重修上樑文(1815), 重修記(1815), 鹿峯書堂碑文(1819), 鹿峯書堂序(1830), 廟室上樑文(1843), 奉安時祝文(1843), 常享祝文(1843)

내년 2025년은 녹봉이 탄생한 지 300주년이 되는 해이다. 탄신 300주년을 축하하는 기념사업으로 이 번 녹봉집 영인을 추진한 것이다. 이 책을 바탕으로 활발한 연구가 이루어져 심진동의 대학자, 안의의 참 선비 녹봉 유언일의 진가와 북벌사상이 발휘되기를 소망한다. 북벌사상은 지금은 간도회복 및 고구려 발해 영토수복의 다물정신으로 등치, 계승하여 성공시켜야 한다.

2024년 4월
지리산문학관 성경당(誠敬堂)에서
성균관 부관장, 함양문화원 부원장 김윤수

녹봉선생연표

지리산문학관장 김윤수 편

연령	서기	왕력	간지	연호	기사
1	1725	영조1	乙巳	옹정3	· 12월 29일 심진동 연촌(蓮村)고택에서 劉彦一(1725~1797) 탄생
2	1726	영조2	丙午	옹정4	
3	1727	영조3	丁未	옹정5	
4	1728	영조4	戊申	옹정6	
5	1729	영조5	己酉	옹정7	
6	1730	영조6	庚戌	옹정8	
7	1731	영조7	辛亥	옹정9	· 백부 유이평(劉以平)에게 수업함
8	1732	영조8	壬子	옹정10	
9	1733	영조9	癸丑	옹정11	
10	1734	영조10	甲寅	옹정12	· 청을 멸하고 대명을 회복하겠다는 의지를 불태움
11	1735	영조11	乙卯	옹정13	
12	1736	영조12	丙辰	건륭1	
13	1737	영조13	丁巳	건륭2	
14	1738	영조14	戊午	건륭3	
15	1739	영조15	己未	건륭4	
16	1740	영조16	庚申	건륭5	
17	1741	영조17	辛酉	건륭6	
18	1742	영조18	壬戌	건륭7	
19	1743	영조19	癸亥	건륭8	

20	1744	영조20	甲子	건륭9	• 황고 신수이에게 처음 수업함 〈역경〉 암송함
21	1745	영조21	乙丑	건륭10	
22	1746	영조22	丙寅	건륭11	
23	1747	영조23	丁卯	건륭12	
24	1748	영조24	戊辰	건륭13	
25	1749	영조25	己巳	건륭14	
26	1750	영조26	庚午	건륭15	
27	1751	영조27	辛未	건륭16	• 〈病夢錄〉지음
28	1752	영조28	壬申	건륭17	
29	1753	영조29	癸酉	건륭18	
30	1754	영조30	甲戌	건륭19	
31	1755	영조31	乙亥	건륭20	
32	1756	영조32	丙子	건륭21	• 모친상 당함, 시묘3년
33	1757	영조33	丁丑	건륭22	
34	1758	영조34	戊寅	건륭23	• 모친상 탈상함. 〈黃巖書院講堂重修上樑文〉지음
35	1759	영조35	己卯	건륭24	
36	1760	영조36	庚辰	건륭25	
37	1761	영조37	辛巳	건륭26	• 4월 역천 송명흠이 성천서원 참배하자 찾아가 만남, 월성초당 가는길에 녹봉서당 방문함 • 〈次櫟泉宋先生訪同春先生遺墟韻〉지음
38	1762	영조38	壬午	건륭27	• 10월 충청도로 역천을 찾아가 집지를 청함. 거절당하나 경서를 강론함
39	1763	영조39	癸未	건륭28	• 도보로 역천을 찾아가서 서경을 수학함 • 처남겸 소년시절스승 四有軒 禹洪漸(1686~1763) 별세. • 4월 〈祭四有文〉〈輓四有軒禹公洪漸〉지음
40	1764	영조40	甲申	건륭29	• 9월 역천이 원학동 방문, 찾아가 수학함. 〈甲申秋 與李景仁梁汝康待櫟泉行 望月菴 次景仁韻〉지음 • 지리산 군자사에서 역천이 〈劉子精 彥一 追至智異山後 爲誦其送友詩求和 戲作禪語以答之〉 지어줌. 〈從師懷川記〉지음 • 3월 〈四有軒遺事〉지음

41	1765	영조41	乙酉	건륭30	
42	1766	영조42	丙戌	건륭31	· 鹿峯書齋세움, 11월 〈鹿峯書齋記〉황고 신수이 지음
43	1767	영조43	丁亥	건륭32	
44	1768	영조44	戊子	건륭33	· 10월 황고가 아들 신인명의 임지 자인현에 따라갔다가 별세함. 녹봉이 반구하여 황산에 안장함 · 7월 역천이 별세함. 심상 5개월 지냄. 〈祭櫟泉先生文〉지음
45	1769	영조45	己丑	건륭34	· 1월 스승의 장남 愼德明(1705~1769) 별세 〈祭戚兄愼處士德明文〉지음 · 2월 역천 신원소청에 동참행, 중도에 회귀함 · 3월 〈祭黃皐先生文〉지음
46	1770	영조46	庚寅	건륭35	
47	1771	영조47	辛卯	건륭36	
48	1772	영조48	壬辰	건륭37	· 9월 〈烈女權姓旌閭碑陰〉지음
49	1773	영조49	癸巳	건륭38	· 가을 부친상 당함, 시묘3년
50	1774	영조50	甲午	건륭39	
51	1775	영조51	乙未	건륭40	· 부친상 탈상함
52	1776	정조0	丙申	건륭41	· 〈時弊問答〉지음
53	1777	정조1	丁酉	건륭42	· 茅廬 崔南斗(1720~1777) 별세, 〈輓崔處士南斗〉지음
54	1778	정조2	戊戌	건륭43	· 〈祭族叔以中(劉以中)文〉지음
55	1779	정조3	己亥	건륭44	· 조광규(趙光逵, 1722~?) 안의현감 부임함
56	1780	정조4	庚子	건륭45	
57	1781	정조5	辛丑	건륭46	· 스승의 3남 老崗 愼認明(1723~1781) 별세 · 〈祭持平愼公認明文〉지음
58	1782	정조6	壬寅	건륭47	
59	1783	정조7	癸卯	건륭48	· 조광규(趙光逵) 안의현감이 원주판관으로 이임함 〈上趙明府光逵書〉지음
60	1784	정조8	甲辰	건륭49	· 윤3월 〈自狀〉지음
61	1785	정조9	乙巳	건륭50	
62	1786	정조10	丙午	건륭51	

63	1787	정조11	丁未	건륭52	· 11월 〈五世祖正字公碑陰文〉지음. 녹봉의 五世祖는 劉德蓋(1537~1580)
64	1788	정조12	戊申	건륭53	
65	1789	정조13	己酉	건륭54	
66	1790	정조14	庚戌	건륭55	· 스승의 4남 老溪 愼義明(1725~1790) 별세 · 8월 〈祭老溪愼友義明文〉〈輓老溪愼友義明〉지음
67	1791	정조15	辛亥	건륭56	
68	1792	정조16	壬子	건륭57	· 연암(燕巖) 박지원(朴趾源, 1737~1805, 1792~1796 재임) 안의현감 부임, 가뭄에 용추폭포 기우제 지냄, 녹봉이 축관으로 참석함. 나중에 녹봉의 학창의를 연암이 모방, 제작해 입은 사건으로 연암이 비난받음
69	1793	정조17	癸丑	건륭58	
70	1794	정조18	甲寅	건륭59	· 스승의 2남 老山 愼道明(1713~1794) · 3월 〈祭老山愼公道明文〉지음
71	1795	정조19	乙卯	건륭60	· 남원(현.장수) 선비 명은 김수민 안의삼동 유람함, 녹봉서당 방문하고 다른날 유숙함 · 함양군수 윤광석에게 안의현감 박지원 절교 선언함. 연암비난은 절교당한 윤광석 소행이라 함
72	1796	정조20	丙辰	가경1	· 〈求言應製疏〉 지어 북벌을 주장함 · 연암 암의현감 이임함
73	1797	정조21	丁巳	가경2	· 3월 〈巨濟縣令鄭公芝榮碑陰文〉지음. 연대표기 필사 오류일 듯 · 2월 녹봉별세

녹봉선생 사후

1799	정조23	己未	가경4	· 제자들이 녹봉서재에서 酌獻禮를 거행함 · 제자들이 〈鹿峯先生遺事實錄〉을 편찬함
1815	순조15	乙亥	가경15	· 여름 녹봉서당 소실, 겨울 중건. 10월 〈重修上樑文〉 崔演重(1750~?)지음. 〈重修記〉?지음
1819	순조19	己卯	가경24	· 5월 〈鹿峯書堂碑文〉愼性恒지음
1830	순조30	庚寅	도광10	· 權僪 삼동유람 녹동서당방문, 녹동손자 劉明益 담화, 〈鹿峯書堂序〉지음

1843	헌종9	癸卯	도광23	• 4월 〈廟室上樑文〉감모재(感慕齋) 노광두(盧光斗, 1772~1859)지음. 사당 완공, 녹봉서원 완성 • 〈奉安時祝文〉 孝陵參奉 鄭夔弼지음. 〈常享祝文〉도 지었을 것으로 추정
?	?	?	?	• 《鹿峯先生文集》편집, 필사완성
1847	헌종13	丁未	도광27	• 병와(病窩) 송심명(宋心明, 1788~1850) 안의삼동유람, 녹봉서원방문
1860	철종11	庚申	함풍10	• 월촌(月村) 하달홍(河達弘, 1809~1877) 안의삼동유람, 심진동의 녹봉서원방문

녹봉선생전집 목차

녹봉선생전집 해제鹿峯先生全集 解題

녹봉선생연표鹿峯先生年表

鹿峯先生文集

鹿峯先生文集 目錄 7

鹿峯先生文集 卷之一

詩

五言絶句

扉 19
松 19
盟 19
雨 19
山 20
桃花 20
次禹新泉 師欽 寄寓鹿峯書堂韻(二首) 20
次蘇處士 凝天 韻 20
喚仙菴次釋子韻 21
甲申秋與李景仁梁汝康待櫟泉行望月菴和景仁韻 21
又次太極韻 21
書堂次朴聖儉士約韻 21

五言四韻

次禹新泉撤寓後吟寄 22
次黃皐 愼先生韻(三首) 22
喚仙菴和釋子韻 22
喚仙菴次盧玉溪神興寺所次張南軒方廣寺韻 22
次 櫟泉宋先生訪 同春先生遺墟韻 23
次邊山齋 大中 韻 23
次 櫟泉韻 23

五言長篇

次三洞五百言韻 24

七言絶句

次禹新泉迷魂韻 26
鹿峯書堂次禹新泉韻 27
禹新泉撤寓前一日用天字韻吟示之 27
次四從弟文汝遊湖西韻 27
贈別四從弟文汝 28
桐花吟 28
古意 28
次黃皐 愼先生韻(二首) 28
山中會話 29
次盧山亭韻 29
次邊山齋 大中 韻(五首) 30
除夕次禹新泉勸酒韻 31
遊月淵巖韻 31
書堂次朴士約韻 31
奉 黃皐喪自仁山歸時作(六首) 32

七言四韻

次禹新泉謝地主來訪韻 33
次禹新泉咀懷韻 33
次禹新泉容字韻(二首) 34
次禹新泉年字韻 34
次禹新泉官 教韻 35
次四從弟文汝遊長水寺韻 35
次全友光璧留別詩(二首) 36
次盧山亭 珏 韻(二首) 36
次或人韻 37
遊長水寺 37
寓中次杜子美韻 38
偶吟 38
戲贈釋子 39
次黃皐 先生韻 39
山中會話 39
次 御製韻 40
次禹新泉除夕韻 40
次禹新泉韻(二首) 41
次李聖益韻(三首) 41
偶吟 42
次火爐韻 43

輓

輓四有軒禹公洪漸 43
輓族叔劉公以中 44
輓權丈以經 44
輓姻姪禹師賢(二首) 44
輓盧山亭 45
輓柳燿通遠 46

輓權鏵必享 ···· 46
輓逿山齋 ···· 47
輓崔處士南斗 ···· 47
輓黃皐 愼先生 ···· 47
輓宋友景祖 名載清 ···· 49
輓老溪愼友義明 ···· 49

鹿峯先生文集 卷之二

書

未發之前無氣質之性說 ···· 51
河洛理氣辨說 ···· 58
病夢錄 ···· 79
中庸或問抄 ···· 90

鹿峯先生文集 卷之三

時弊問答 ···· 109
上趙明府 光逵 書 ···· 115
黃巖書院講堂重修上樑文 ···· 122
五世祖正字公碑陰文 ···· 126
巨濟縣令鄭公 芝榮 碑陰文 ···· 128
烈女權姓旌閭碑陰 ···· 129
黃皐 愼先生五父子呈書 ···· 130
求言應製疏 ···· 143
自狀 ···· 145
從師懷川記 ···· 146
鄉射堂詠梧館記 ···· 159
四有軒遺事 ···· 162
祭四有文 ···· 168
祭族叔 以中 文 ···· 171
祭櫟泉 先生文 ···· 172
祭黃皐 先生文 ···· 174
祭戚兄愼處士德明文 ···· 177
祭持平愼公認明文 ···· 179
祭老山愼公道明文 ···· 182
祭老溪愼友義明文 ···· 182
祭月洞李友聖復文 ···· 183
祭柳友仁老宅壽文 ···· 186
答李武山 鳳興書 ···· 187

鹿峯先生遺事實錄

居昌劉氏世系 ······ 199
鹿峯先生遺事實錄 ······ 205
鹿峯書堂碑文 ······ 235
奉安時祝文 ······ 240
常享祝文 ······ 241

鹿峯書齋記

鹿峯書齋記 ······ 249
重修記 ······ 251
重修上樑文 ······ 253
鹿峯書堂序 ······ 257
廟室上樑文 ······ 261

鹿峯先生文集

卷之一~三

鹿峰先生集
3428
861
1
서울大學校

鹿峯先生文集目録

第一卷

詩

五言絶句

扉

松

盟

雨

山

桃花

次禹新泉 師欽 寄寓鹿峯書韻 二首

次蘇處士 潔天 韻 一

嗄仙菴次釋子韻

甲申秋與李景仁梁汝康待 櫟泉行望月菴

和景仁韻

又次太極韻

書堂次朴聖儉士約韻

五言四韻

次禹新泉撤寓後吟寄

次黄皐 愼先生韻 三首

嗄𡿨菴和釋子韻

嗄𡿨菴次盧玉溪神興寺所次張南軒方廣寺韻

次櫟泉宋先生訪同春先生遺墟韻

次邊山齋大中韻

次櫟泉韻

五言長篇

次三洞五百言韻

七言絶句

次禹新泉迷䰟韻

鹿峯書堂次禹新泉韵

禹新泉撤寓前一日用天字韵吟示之

次四從叔文汝遊湖西韵

贈别四從叔文汝

桐花吟

古意

次黄皐愼先生韵 二首

山中會話

次盧山亭 珏 韵

次邊山齋 大中 韵 五首

書堂次朴士約韵

奉黃皐叟自仁山歸時作六首

七言四韵

次禹新泉謝地主来訪韵

次禹新泉阻懷韵

次禹新泉容字韵二首

次禹新泉年字韵

次禹新泉官敎韵

次四從弟文汝遊長水寺韵

次全友光壁留別詩二首

次盧山亭 玨 韵 二首

次或人韵

遊長水寺

寓中次杜子美韵

偶吟

戲贈釋子

次黃皐 先生韵

山中會話

次 御製韵

次禹新泉除夕韵

次禹新泉韵

次李聖益韵 三首

偶吟

次火爐韵

輓

輓四有軒禹公 洪漸

輓族叔劉公 以中

輓權丈 以經

輓姻侄禹師賢 二首

輓盧山亭

輓柳燿通逺

輓權鏵必亨

輓邊山齋

輓崔處士南斗

輓黃皐慎先生

輓宋友景祖名 載清

輓老溪慎友義明

苐二卷

書

未發之前無氣質之性説

河洛理氣辯説　病夢録　中庸或問抄
時弊問答
上趙明府光逵書
黃巖書院講堂重修上樑文
五世祖正字公碑陰文
巨濟縣令鄭公芝榮碑陰文
烈女權姓旌閭碑陰
黃皐 愼先生五父子呈書
求言應製疏
自狀

從師懷川記
鄉射堂詠梧館記
四有軒遺事
祭四有文
祭族叔以中文
祭櫟泉先生文
祭黃皐先生文
祭戚兄愼處士德明文
祭持平愼公認明文
祭老山愼公道明文

祭愼友老溪義明文

祭月洞李友聖復文

祭柳友仁老宅壽文

祭郭友可續君元文

鹿峯先生文集卷之一

詩

五言絶句

扉

每於朝日闢恒以夕陽闔時然後開闔明暗去來間

松

與菊爭凌霜及竹共傲寒備我三逕益惠而好相看

盟

每日樵採程幾經風雨攀歸盟結歲寒蒼松對翠竹

雨

暇日尋友石乘月訪兄梅一雨終三日誰與好懷開

山

仰若登天然步〻望幾斷緣崖備千辛一上萬里看

桃花

落可園中来飛冝山上去莫向流水浮時人已知處

次禹新泉 師欽 寄寓鹿峯書堂韵 二首

聖代今唐虞天民舊懷葛雲閔絕是非何處論名實

圖書觀萬變天地談一牀此會難再得山況十分長

次蘇處士 凝天 韵

風好景明日綠陰芳草時三朝談一理天下更何思

嗄仙菴次釋子韵

睡罷窓前出茶烟美日輝人間何日子歸路草依微

甲申秋與李景仁渠汝康待　櫟泉行望月菴次景仁韵

流水絶塵想丹嵐暎布袊坐談千聖旨恰好爽神襟

又次太極韵

動静根相互陰陽孰後先至理諒難曉琓之不敢言

書堂次朴聖俛士約韵

莫說過情話微物本無心漁磯欲取適有時向江潯

五言四韵

次禹新泉撤寓後吟寄

三旬聯枕藥田首一帳然庭花今復秀山月欲重圓不怕家無夕方喜國有年頭風我先愈清曉得清篇

次黄皐 愼先生韵 三首

窈窕倈鶴洞風景屬清秋負笈緱山夏泛舟赤壁秋臨流論水月八室講春秋小子今來意初非爲賞秋

嗄仙菴和釋子韵

暮到菴中宿仙㾃吠月聲樵柯局外爛烏夢杖頭驚岁草供幽勝清泉絶世情朝来開戶視雲影落山庭

嗄岱菴次盧玉溪神興寺次張南軒方廣寺韵

亏廣寺前韵神興詩又成襟懷千載托意味一般清
蘭臭董塞退溯源泝洛横嗄命令日詠小子亦多情

次　櫟泉宋先生訪　同春先生遺墟韵

百年夫子宅復得賢孫尋遺躅春猶在清游花又深温
〻金玉質眷〻継開心小子何狂簡嘐〻傍石陰

次邊山齋大中韵

佳月逢佳客風流此夜長清風洒蘭室活水洗葷腸樂
意君先會槪心我已忘從容千古趣細話草交塲

次一　櫟泉韵

松泉同洛水湖嶺飲河人琴抱玉溪月風遺陋巷春何

年歌巖老山日泝源真樹屋亦先志 斯文慶再新

五言長篇

次三洞五百言韵

中夏陸沉久平生悲楚囚邪堪周顗淚可學子長遊始
出花林洞將消暇日憂光風樓上堅追憶舊賢侯心法
唐虞緒淵源濂洛流千秋鶴不返楊柳烟空浮小子生
何晩像想淚不収無緣朝暮遇怊悵下蓊樓暮八月淵
口山嚬水亦咻清風君子爽逸興龍潭幽所以吾三洞
南嶠夢一卅浮雲逐水去苔屐曾焉留石白花明路熏
游鶩下洲黃城八指點怒髮上余頭强欲記前事江天

月正鎔哀〻三邑命何事盡爲劉未食士霖肉况論海
冦警滄桑經萬變事跡一荒江芳草王山下行〻言秣
騆朝登極樂寺仙境此真不售跡階前篆梵言石面鏤
更遵靈覺路擬向松臺湫拂石逢僧話閒談半日偷觀
心雖近理畢竟不相侔暮到春翁宅恨深違束脩誰知
巖穴士能補九重旒松籟動蕭瑟寒聲起聽篌登臺叅
一曲憂〻舞幽虬晩下葛川洞豁然千里眸溪邊春水
活泛我輕毛舟曲〻清如許復何通汚溝石門飣久竪
停棹閱千秋高躅攀難得凄然立晩飈邈焉莘野聘杳
矣渭川殷走馬黄山下僕夫言式轍愁臺春正暮獨立

懷悠々午睡驚千日人生等一蜉巖題盡手讀斜陽暎
金鍬何日賀王帝風雲歌鹿呦還從呂與叔六月拜師
錶十日春風裡滌蕩千古愁胷中都洒落何處俗情捿
暮渡澤川水時天雲作油長風來萬里飄我尋真投廬
岳虎誰菜龍湫逌自偹更登兜率界玉屑甘人喉謹述
壯遊錄寄書勉子由歸來逢輦下教兒責箕裘遂絕繫
子願從王杰儔故將蘇子韻寄與禹君酬　華

七言絕句

次禹新泉迷䰟韻

方朔細君是室人仙桃爛々洞房春麻姑不解迷䰟陣

林

林醪茶飲更精神

鹿峯書堂次禹新泉韵

鳥在雲飛魚在川能知此理可知天知天亦自知人事
默契天人便躍然

禹新泉撤寓前一日用天字韵吟示之

烟雨長時水滿川三旬日夜共談天公歸忽迫信予宿
不待離筵已黯然

次四從叔文汝遊湖西韵

浮世人生有若無吉凶禍福揔由吾坐聞千里湖西景
却恨此身但守愚

贈四從弟文汝

同羣隝數嵗將積慣識山厨供有無林外鳴鳩催送客客行不待酒乾壺

桐花吟

花開不見賞花人花落不見惜花人雖然開落盡渠性花自花芳人自人

古意

空谷佳人自矜容不憂不嫁已衰容祇嫌佩飾無人贈宛帶秋風不豫容

次黃臯愼先生韵 二首

唐虞受授只言心萬古相傳此一心由来此學曾無幾
誰若吾 師善養心
一十年前抱此心俚令拘迫害吾心今来學得操存語
請事他日也盡心

山中會話

鷗沙雲岸浩無涯竹户荊扉僅十家倚杖却忘山路黑
萬林深處聽寒鴉

次盧山亭韵

隱然平地至仙人林下花明世外春雲出鳥還無一事
先生道味此中醇

次邊山齋大中韵 五首

賓筵初設小亭東梧月楊風細話中别有前溪幽興在
待成春服集冠童

十日清談共一床溫溫風味句中香幽懷欲盡無人夜
且向窓間對月光

同来石上卧頹然歌濯滄浪夢渭川澗鳥一聲漁事罷
閒雲初散夕陽天

沙明石白兩鄉心濠上魚鯈知我心浴後神襟頓飄洒
萘惟千載咏歸心

忘形交契又忘年杖屨巖泉亦有緣草堂坐待前峯月

心事更論活水邊
除夕次禹新泉勸酒韻
源〻莫是酒回緣欲向盃中覔信傳非徒汝美〻人贖
来自浩然去浩然
遊月淵巖韻
向石晴川雨後山冠童春服水雲間乎天隨柳人何去
清意一般俛仰間
書堂次朴士約韻
寂歷山中皓月来幽懷夜與故人開床頭更欲談天地
清影先含對酌盃

況

奉 黃阜喪自仁山歸時作 六首

大聲痛哭衙門出雪雹仁山輒駕時盡日前程風又惡

天胡不憖日胡斯

翩翩丹旐達城路萬事人間一木回寒波秋月老江下

痛哭無人知我哀

來時路是去時路痛哭哀懷觸遏加老婆寒店吞聲語

曩日令公館我家

紛紛襟佩滿前路痛哭柩前哭未休先生一生申款語

未可今日一人酬

靈山迢迢陜洲遠鶴水猿岑指顧之痛笑溪山從寂寞

草茵花錦更何時
布幕胡為擾絳帷凄凉講席閟形儀遑遑墻壁求無得
痛哭 先生胡至斯

七言四韵

次禹新泉謝地主来訪韵
青山之宅碧柳門宛在中堂蓲德尊濶步青雲雖緯繣
窮經白首向憂勤真工特地鳶魚察樂意春園花木蕃
容自長安新契好清詩時和竹陰繁

次禹新泉阻懷韵
南天奎影睽 茅廬感舊新章雖索餘回想留連三月話

勝他首讀十年書翁言學孔譏愈下我道希顏實眷虛

一別春還消息好風流詩句向来如

次禹新泉容字韻 二首

相逢俱是已衰容秋葉胡爲對面紅滌泒須知一本散

究源可見萬殊同天高海濶商量後蚕繹牛毛次第中

窮且益堅吾輩事男兒千古幾英雄

把鏡回看影裡容人間難復此顔紅敢望舉子爭成敗

且與經生講異同徃古来今感應際兒千孫萬圈圖中

浮浮青白何心在真箇無心真箇雄

次禹新泉年字韻

妙年磨戞已忘年離索之懷老益綿撫枕悠〻記夢夜拓窓悄〻覓詩遥喚吾痼癖雲千壑羨子精神經萬篇麒尾未追鶴猿路團圓少一孰嘆焉

次禹新泉官 教韵

赤松彭祖皆長生未得斯翁此日榮天放百春安素履恩資一夕不偕并芳籌鶴嗄千霄夢北闕山呼萬歲情三達人問令姑見善家餘慶驗時呈

次四從弟文汝遊長水寺韵

綠陰芳草可清遊廬岳風光紙上收兜率龍湫靈境界安期松子好朋儔翩〻羽袂攀雲壁遠〻鳩笻憩石流

談罷一床山水樂烟霞灝氣爽如秋

次全友光璧留別詩 二首

蹇驢八洞夜已更欲見不見意如傾最燈慨卜青騂拭
午鶴傳音倒屣迎剩得從容半日話勝他研究十年經
荷衣忽逐斜陽遠難合依然一夢并

相逢之處杳如夢往事回頭二十年憐我病殘今已甚
羨君強健向來然長時雲樹望何苦一霎團圓會有緣
瘦骨秋風蘇可得帽臺山月好相追

次盧山亭丑韻 二首

德星今夜聚群賢鶴髮蒼顏地上仙千古淵源秋月照

百年交契一心懸摳衣函席雖違願倍杖溪山亦有緣
紅樹丹巖隨處好一山風景此行專

拂石青山去歲秋文相會處氣相求翩翩羽袂攀楓壁
遠遠鳴節憩石流趣味從容千古意笑談除破百年愁
慇懃此日無詩禮不啻丹精爽病喉

次或人韻

求君不可先欺君小學篇中余得聞剽經莫逐俳優技
摘句須要義理分山前尚悟鈇磨杵筆下應看龍變雲
病漢平生堯舜願肎將鳥獸與同群

遊長水寺

泗門斜日植藜杖流水啼禽萬古聲廬岳晴光呈氣爽黃城古事入心驚洲邊宿草經風色天外歸雲送客情探着却忘林月上雜花飛落亂山庭

寓中次杜子美韻

簷端迫地席爲門晝處還同中夜存雖幸別餘子見父却歎病裡尋違昆妻供麥飯常爐晚兒掩柴扉不待昏萬苦千辛訖可後窓前取易誦乾坤

偶吟

野鳥山雲是宿緣石床終日卧頹然閒情沂水三三節大學羲皇暤暤年堂上甘旨須二尋卷中朝暮尚千賢

道

春扉一閑無人到潛看于淵飛看天

戲贈釋子

聞說西方有一路不由川海不由陵說從開闢前時創
治自燃音鷲翅興語大乾坤外萬里論高日月上千層
無窮無極知如許尼佛當年未必登

次 黃阜先生韵

虞夏忽焉洙泗遠陳編遺法古今留偃歌點瑟歸雲響
庭草川花一愛遊已絕百王傳授緒誰供千載繼開猷
斯文幸結共修約聞語擬將告後儔

山中會話

寂歷松關誰幾叩一燈談笑百年交莘田渭水身將老
華日勛天許已拋臭襲芝蘭聯蕙榻飯同蔬草供山庖
且將局戲聊相謔嬾笛呵翁共獻嘲

次 御製韵

勛天華日復東方商質周文郁々章垂統大經開累洽
丕承徽烈燬重光神功自是同天地聲教何論限界疆
今夜共君談 聖製詞源直與典謨長

次禹新泉除夕韵

晴窓對樾坐癡如舊染新新逐歲除半世冥行迷義路
新年卜宅問仁居旨甘未適誠維乏妻子恒飢計則疎

礎功莫先求友善瘦藤遥指白雲間

次禹新泉韻 二首

友朋觀善最神方從此聖人備五常同德古今猶可尚
深情物我還相忘駑蹄亦附驥尾致蓬短每於麻裡長
何幸三朝暇一枕滿床其臭芝蘭香

遠〻荷衣彼一方雲岑迥出萬尋常中宵入夢銘相感
少壯書紳志不忘歸巷春生君許活寒窓歲暮我懷長
城南聞有鳩節理偲功擬同霽月香

次李聖益韻 二首

山門無事晝常關獨對幽軒竹數竿乘興有時行問柳

窮源每欲學觀瀾已知谿上茅猶塞却怕心頭氷或寒
幸得高人談好話灵臺半日始偷安
清溪百折峯千重慳秘悠悠萬古空幾歲經營因循後
居然穰擁翠微中栽揚敢說後源啓偲切要將故友同
棲息倘謀心地樂自餘涯分任天公
相逢俱是已衰容强把山醪借面紅怜我病残今愈甚
愛君筋力向來同晴光遠峀雲半收灝氣秋空月正中
無限山齋此夜興老夫書劒尚餘雄

偶吟

一樽花下不成遊晩日青藜憩石流同病弟兄屬南北

不

百年朋友半山丘管心轉輾捕龍野玩理蒼茫落月洲
自恨此生真可惜面前何物非吾愁

次火爐韻

積苦中心熱氣多遍身不取人綺羅爊消陋巷顔生霣
炎鑄坂泉黄帝戈厨下爛羊玉脂泣月邉煐酒動金波
爇香日襲芝蘭臭不學唐人採芰荷

輓

輓四有軒禹公 洪漸

一病沉綿十載久憶公初志我懷酸莘田渭水身先老
勣日華天夢已寒談道無人窮理緒執經何處叩疑端

承家孝友傳遺法泣血中庭見棘欒

輓族叔劉公以中

劉氏棟樑折家衆孰依生青年好氣節猿溪嗚咽情

輓權丈以經

嘐嘐言必古之人直氣英風絶世倫石鷲能知返鶴壽屋樑有待見王春褒年泣血風過樹沒歲悲歌山有榛萬事人間忠孝已全天賦與好歸真

輓姻侄禹師賢二首

全天所賦人令誰吾所見聞子獨而千秋若逢予夏華謂之為學特書之

孝友家中孝友人生前死後傷哉貧君能梘我猶諸父
我獨不猶愧不仁

靚廬山亭

淵源遂學玉溪後於緝重光訛我公半世蹉跎蓮桂叢
暮年沉玩聖賢功林居不是忘斯世瓢樂知爲固厥窮
最又高山仰止處朱書殉葬命于終
公亡不趐吾私哭大運儒林慟愈深宿德南州從寂寞
霜天執紼若爲心
水寺風樓仰末契寅緣出入五年强詩情書意源源厚
愧我冥頑已久忘

頭流歸路去年秋戹言離合意悠々終孤近日重来訓

未死人間恨来休

有是祖兮有是子公無憂者死猶安最闕後學德難攷

秋月寒波我涕洗

輓柳爟通遠

君是故人子滔々望就成短期嗟不幸人亡慟哭情

善家殃亦在天理此茫々孝思搆堂業常行遜弟方文

章争道勃伸歷何論彭天地無窮恨爺孃欲斷腸

輓權鑠必享

仁山笑後倍相思日望吾君才竭時好學同門從寂寞

茫〻墜緖屬之誰

輓邊山齋

樑摧笑未畢芝焚痛又新依歸公有地觀感我誰人詩格休云絶德音最可珍難瞑泉下目諶亂未冠巾

輓崔處士南斗

讀書五十年歷〻古猶鮮溫飽君非願寒飢我獨怜南鄕道已載北學孰之先不斷玉濟水苐流並後前

輓黃阜 愼先生

先生〻南極百年吾道存寒襟爲師友桐葛是淵源矯〻志剛大獨立無攀援望之儼壁立即如坐春溫竊寵

猿鶴洞敦親樂石村令聞暢朝野宿德責立園格致與
誠明開我道德門罕言性命與眷々孝弟惇綱擧目已
張根深葉不繁玲瓏八窓裡從容萬殊傾龜院梧月朗
鶴滄花日瞰杖屨二三子倘徉水月論瀟然江海思有
時懷帝閣悵望夕陽遠歎息長夜昏未挽羲皇世時閏
淵明樽浩歌視八極風花問混元庭蘭何馥々春蒲綵
衣翩一龍先點額奉擻安陽藩旨甘極孝廚榮慶萬口
喧方祝海筭屋光晦少微垣哀々我小子聆訃獨斷魂
摳衣三十載義結父子恩鞭繩因蹇步投藥隨病根頑
質難自化汨沒形役奔猶冀善誘下幸見立脚跟因循

得此日萬事一淚痕獜亡鳳逝嘆婦孺同其究山頹梁摧恨九死吾未諼斯文厄未窮伯魚又辭豈乃失所事〻只慕秋陽暄自餘天下慟笑私未遑言

輓宋友景祖 名載清

公亡豈特笑吾私多士南州摠惜之雅懷秋月無塵夜清操孤松傲雪時窮且益堅卓越甯貧能有守厪幾而山公啓事今安在冷落蒓鄉埋没爲

輓老濟慎友義明

天不憖遺天底意贖之吾可百吾身青年翰墨驚時輩晩節修治慕古人訣得懷川飲飽日志言邑院詠歸春

閫門好學從寂寞秋月寒波慟愈新

鹿峯先生文集卷之一

鹿峯先生文集卷之二

書

未發之前無氣質之性

或有嘗言未發之前有氣質之性多般取譬自信無疑余亦多般取譬極明其不然逢場每以此辯詰者幾十年矣今則其人著書立言有若質諸神俟後聖而不惑者然此是大頭顱處於此錯則其誤後學也大矣取證元本逐節辨明使欲識大本者裁擇之

子思子曰喜怒哀樂之未發謂之中中也者天下之大本也朱子釋之曰未發則性也無所偏倚故謂之中又

曰自戒懼而約之以至靜之中無所偏倚而其守不失則極其中而天地位矣由是觀之若無戒懼之工則不能成未發之中矣未發之說自此始矣而所謂未發之時即天理渾然人欲淨盡之時也

張子曰形而後有氣質之性善反之則天地之性存焉故氣質之性君子有弗性焉氣質之性之說自此始矣所謂反之者變其氣質之性而反乎天地之性也所謂弗性者以其能變則必反故不以爲性也由是觀之有氣質之性則無天地之性有天地之性則無氣質之性兩性不容兩立矣合二說而評之氣質之性必從惡一邊而立

名未發之前專指存天理之時節而當大本既立方寸湛然之時謂有天地之性可乎謂有氣質之性可乎此與黑白之卞無異而彼謂未發之前有氣質之性者皆不深知子思張子立言之本意故也大抵聖人氣質清粹心無思慮故未遇事之時則皆成未發而衆人不然未遇事之時不昏昧則必擾攘昏昧擾攘非未發也惟其昏昧擾攘故既遇事之後必顛倒錯亂自昏昧擾攘至於顛倒錯亂皆氣質之所使而性不離於其中故有氣質之性之名而張子所不得已也然則氣質之名性爲聖人而立言乎爲衆人而立言乎若使天下人皆是

聖人則氣質之性初不立名矣
衆人雖有氣質之性而思有變化之心者不能無戒愼恐懼之工故介然之間方寸之上濁氣退聽天理復位則能成未發而其未發之時則亦只有天地之性而大本之中與聖人同體當此之時氣質暫成變化則寧可謂有氣質之性乎蓋自大賢以下受氣有清濁多寡之分數而致未發疎數久速之異耳及其學問之極功則常人已至於聖人矣更何有氣質之性也云爾
今其言曰氣質之性有善有惡而氣質中之性未嘗有惡也此若指未發前而言則氣質之性在於何處氣質

中之性在於何處耶一處兩名豈非二性乎欲避二性之名而立言何如是艱苦耶吾則曰在中而未禀氣者純善之性也禀氣而不爲氣揜者亦純善之性也禀氣而爲氣所揜然後爲氣質之性而有善有惡云爾則豈不明白坦夷乎

今其言曰其有純雜善惡之不同皆因兼指單指而有異也未發之前單言則本然之性而純善無惡未發之前兼言氣質與性則氣質之性而有善有惡若如其言而未發之前有善有惡則豈非善惡渾也欲避善惡渾之說而自不覺其自陷也吾則曰單指者未發本然之

性也兼指者既發乘氣之性也

今其言曰氣是貯性之器若曰未發之前無氣質之性則所謂性者依於何處也若如其言則是以未發之前性在氣質中故有氣質之性之名也然則堯舜有氣質之性蹠蹻有氣質之性張子立言之意果如是耶如是則善反之則天地之性存焉真贅語也吾則曰未發存性之時氣雖貯性而本然爲主則當謂本然之性既發揜氣之時性雖乘氣而氣質爲主故當謂氣質之性也是不知氣質之性有善有惡之本意也所謂氣質之性有善有惡者上知純清而無雜下愚純雜而無清惟中

人或有濁多而淸少或有淸多而濁少始有善惡之可
言而下善反之工矣
令其言曰未發之謂性已發之謂情若曰未發之前無
氣質之性而已發之後始有氣質之性則程張何不曰
氣質之情而乃曰氣質之性乎此言尤見似得而實不
知程張之意故也何則程子曰才出於氣氣有淸濁故
有賢愚之別朱子曰此說才字即張子氣質之性也蓋
才者性之用也情之屬也而朱子謂氣質之性當之此
性字似不可以未發看取也且惡亦不可不謂之性
性字亦豈指未發而言耶欲立己見言不知裁惜哉

不須多言天地之性存時尚有氣質之性大本之中立時亦有氣質之性云云則栗谷所謂雖衆人若成未發則此時大本之中與聖人同體云者何意耶若曰未發之前有氣質之性則子思張子栗谷之說皆誤矣觀者詳之

河洛理氣辯說

客有問於余曰子之林居多年應得聖賢之意而能知道體之全盡為我著一編書得知天道人道之大畧而仍使遐鄉之晩出而不能愽覽群書不能游學四方者得見頭腦脉絡曰此感發憤悱則亦可謂指南先路矣

余曰大哉問也若子眞所謂責瞽者以貿日月之明責聾者以諧律呂之音者也且道體之終始中庸已備工夫之次第大學已詳至夫本原之潔淨精微亦莫過乎周易則吾何敢贅一言於其間哉客曰吾豈以聖賢之書爲未備而教子成書乎但如我年老無學者與夫貧賤而質美有志者未得從師講學雖畧章句而茫然不知天人之有何道心性之爲何物而踐履日月不但失之於野而已則豈不可哀也哉余曰然誠有如是之人而未聞道之大體者矣敢爲數千言問答以供識者笑而或補蒙士之萬一請逐条以問如何客曰問曰太極

者何也曰天地萬物總會之理也陰陽者何也曰天地萬物成形之氣也太極陰陽有先後乎曰以陰陽未判之前言之則太極為先陰陽已判之後則太極在陰陽裏然不是昨日太極而今日有陰陽也才有是理則有是氣無是則理無所寓着元不相離則不可分先後也

問天地從何而生耶曰陰陽二氣相盪其氣之輕清者為天重濁者為地也故五行質具於地而氣行於天也天形如何曰圓也何以知其圓也曰循環不停故也何以知循環不停也曰二十八宿每日一轉過周故也地形何如曰方也何以知其方也曰靜而不動故也何以

知靜而不動也曰二十四位萬古不易故也天外有何
物曰此是更筭不得處也或云天外有障或云天無外
有障云者以有限而言也無外云者以無窮而言也水
載於何物也曰地載於水水載於天也何不滲漏也曰
天之爲氣一息萬里奔奚暇滲漏也日月星辰有何應
耶曰應人間君臣上下列國百官之象也然而王良造
父傳說等星名雖古今相傳而不可誣者而亦不可信
其必然也且充時日令中星與今時大相違次五星之
行或云一歲而一周天或云經歲而一周天其紛紜舛
錯無有定論何必强求其合也雖窮年沒世而求之終

不可合也日月之行有云日行疾者有云月行疾者何
也曰儒家之說云日行左旋一日一周天月行亦左旋
不及日十二度十九分度之七曆家之說云日右行一
日只行一度月亦右行一日行十二度十九分度之七
以蟻磨之說譬之蟻磨之說何也曰蟻在磨上右行而
一日行一度以蟻譬日也磨載蟻而一日行一周以磨
譬天也日者何也曰日陽精也月者何也曰月陰精也
雷電霹靂者何也曰陰陽相擊而成聲者爲雷相軋而
成光者爲電震而成形者爲霹靂也雲雨者何也曰陰
氣上升遇陽則騰而爲雲陽氣上升遇陰而和則成雨

霜露者何也曰星月之氣也星月晦則無霜露矣雲者何也曰陰氣結也雹者何也曰將雨而伏陰薄之則為雹也霰者何也曰將雲而德陽薄之則為霰也風者何也曰陽氣在外不得入則散而為風也霧者何也曰陰氣上蒸陽不應者為霧也虹者何也曰天地之淫氣也日與雨交倏然成質能吸水吸酒有害於陰陽之和氣故能截雨也天漢者何也曰水之精氣浮上成質也海之無溢無渴何也曰是亦氣中一物有消長之理消也故無溢長也故無渴也鬼神者何也曰鬼者陰之靈也神者陽之靈也有天地之鬼神有人物之鬼神祭之者

何也曰報本之義也祭祖宗之鬼神固報之義也天地山川及聖賢之祭爲報之義乎曰天地爲萬物父母山川有鎭衛之功聖賢有教成之德皆本之類也而各有當祭之主非其主則不可祭也楚人之祭伍員江淮之祭泰山皆不可也然則他邦之聖賢他邦祭之何也曰聖賢体天道明人理爲天下萬世之宗師則無往而不可祭也河圖者何也曰伏羲氏王天下也龍馬負圖而出其圈如此而有陰陽奇耦之象數也何者陰何者陽也曰黑者爲陰而白者爲陽也何者奇何者耦也曰一三五七九爲奇二四六八十爲耦所謂兩儀也是圖之

出何意也曰天不能言出是以示之使天下之人知避凶趍吉向善去惡也出於伏羲之時何也曰當伏羲之時開闢已久人文漸備大朴稍散治不能無爲則當以教化之而非伏羲之神聖莫能則之也故出於是時也其所以爲教者何也曰分陰分陽淑慝自別使人觀此而向善去惡淑奇以耦卦交成列使人占此而避凶趍吉知善惡定吉凶而教在其中矣則以作卦何也曰圖凡五十五点虛中五與十爲太極以四十點分陰陽作兩儀以四方作四象以四象内外分位與數作八卦所謂太極生兩儀〻〻生四象〻〻生八卦者也四象内

外分位與數者何也曰太陽居一少陰居二少陽居三太陰居四一二三四者四象之位而居內者也太陽之數九少陰之數八少陽之數七太陰之數六九八七六即四象之數而居外者也以外四方之九爲乾六爲坤八爲離七爲坎而七九易置然後爲乾南坤北離東坎西四正位也以內四方之一爲兌而補東南之空隅二爲震而補東北之空隅三爲巽而補西南之空隅四爲艮而補西北之空隅爲兌震巽艮四間位所謂天地定位山澤通氣雷風相薄水火不相射八卦相錯者也先天者何也曰有天之先有此理也所謂畫前易也後天

者何也曰有天之後有此理也即畫後通變之易也後天卦位與先天不同者何也曰伏羲因天地自然之象數而立卦也文王因天地之用而参以人事以定卦位蓋置乾坤於西北無事之地若人家父母之老退也置震巽於東南長養發用之地若人家長男女代親幹蠱之象也洛書者何也曰大禹治水之時神龜負文而出其位與數自一至九禹遂則之以成九疇之綱自初一至次九也箕子因之以成九疇之目而告周武王遂爲君人治天下傳心之大法也自一五行至九五福也初一曰五行者何也曰初一之一字即龜文下一點也在

天惟水火木金土之氣運行而已故名曰五行而居一也次二曰敬用五事者何也曰天道賦於人惟貌言視聽思体五行之用事而非敬莫行故曰敬用五事而居次也三曰農用八政何也曰五事主一身言也身既敬矣政可行矣農爲天下之本而食貨養生也祭祀報本也司空掌土而安居也司徒掌教而成性也司寇治姦也賓者禮人也師者除殘也行政必以此八者爲先故居次也次四者曰協用五紀者何也曰協者合也行政當順合天時也故歲以定四時月以定晦朔日以定躔度星以分經緯辰以知日月會次曆數以紀日月星辰

以授人時也故五紀居次也五皇極者何也曰皇者君也極者極至之義也人君代天理物爲天下之表準極父子之親而天下之爲父子者取則極夫婦之別而天下之爲夫婦者取則極兄弟之愛而天下之爲兄弟者取則至於一事一行莫不造其極而立人極於天下故曰皇極皇極之居中何也曰五行以發源五事以誠身八政以臨民五紀而順天則皇極之體所以立而下四者擧此而措之皇極之用所以行也故居中也次六曰乂用三德者何也曰極旣立矣俗可化矣乂者治也德者剛柔正直也平康之也正直而已強梗之俗以剛治

之和順之俗以柔治之氣禀之高明者柔以治之氣禀之沉潛者剛以治之人君既誠其身又使天下之人皆有以明其明德至於至善之地而上不失權下不僭上也故爲建極之次也七稽疑者何也曰皇極既建三德既乂而國或有大事之可疑者則必周咨人謀而人謀或出於私心故命之卜筮以稽其疑而定天下之吉凶成天下之亹亹者故居其次也八庶徵者何也曰天地間一箇感與應而已有感必應故人君以五事之得失驗天地休咎之應也五事本於五行故其應亦以五行雨暘燠風者五行之流也貌屬水皃恭作肅肅有滋潤

底意思而得時雨之若言屬火言從乂：有開明底意思而得時暘之若視屬木視明作哲：有和煖底意思而得時燠之若聽屬金聽聰作謀：有嚴密底意思而得時寒之若思屬土思睿作聖：有爽快底意思而得時風之若咎徵反是咎徵之應若是其丁寧耶五事之得失雖云各以類應然以爲必然者固不可也以爲全不相關者亦不可也何則聖王之世水旱或灾不可比爲必然暴君之世凶荒相仍亦不可爲全不相關凡看文字義理有斷不饒貸處有活看處也补極者何也曰休徵之餘五福自至咎徵之餘六極自至人君之福

極在於彝訓之行不行然聖賢之窮厄而短折愚不肖之或富且壽者特氣數之変而理不得常不可以此而怠於為善而安於暴弃也若不攸好德則石崇之富盜蹠之壽不為福也若能攸好德則比干之見殺顔淵之短折原思之貧固不可為極此理亦不可不知也五行之不言用皇極之不言數何也曰九疇之用皆源於五行故不言用九疇之數皆統於皇極故不言數也八卦九章相為表裏者何也曰河圖可作九疇洛書可作八卦也河圖何以作九疇也曰河圖内有自一至九之數也洛書何以作八卦也曰洛書虛中為太極分陰陽為

兩儀分四方爲四象兼閏位作八卦則恰當也盖啚書只是陰陽五行而已易雖不言五行而五行在其中矣疇範雖不言陰陽而陰陽在其中矣天以陰陽五行之理賦於人物而爲健順五常之德而苟非與天爲一之聖人則安知天人之與受也故天旣以理此賦於人而又以圖書授羲禹誘其衷而自得使之畫卦成疇告天下萬世之人而曉然知此理之出於天也所謂聖人繼天立極者此也繼天立極者何也曰繼者代字之義極者太極之極也該陰陽五行之純粹至善者也聖人明此理教萬民以人極〻者卽易所謂時義中庸所謂時

中大學所謂至善也天道旣畢所謂人道者何也曰天
人一理更何分別在天曰五行在人曰五常卽仁義禮
智信以此五者處五倫而無一毫虧欠然後人道備矣
問以此五者處五倫者何也曰仁當父子義當君臣敬
當長幼智當夫婦信當朋友然則五者不可通用耶曰
舜爲然五行各具五行五常各具五常若非義禮知信
不能成父子之仁也他皆放此心者何也曰心者人之
神明虛靈知覺主一身而宰萬物也性者何也曰天之
賦與眞實无妄該五理而統萬善者也心性果二物乎
曰心固氣也性卽理也不可謂一物也性固心中之理

而無無性之心無無心之性亦不可謂二物也心性皆純善乎曰心之本然無不善而惟氣也故混同於氣質之氣而為善為惡無所不至也性固純善而墮在氣質隨氣質而亦為善為惡所謂氣質之性也然則本然氣質若為二性性豈有二乎曰本然之性隨氣質而失其本然〻後為氣質之性不可謂二性也聖人有氣質之性乎曰聖人氣質清粹本然之性隨處發見而無一毫過不及者則只本然而已氣質之性但謂衆人而大賢以下亦不得免焉若顏子不遠復不貳過等處也衆人氣質之性既曰有善則與聖人本然之性善同乎曰有

不同本然之性善渾然無勉強處氣質之性善有矯揉勉強處也蓋自大賢以下至於衆人其衆人其氣質清多濁少濁多清少之別千萬不齊有不日而化者此大賢之爲聖人也有千能百倍而成功者此常人之爲聖人也常人之至於聖人者古今未有何也曰湯武固非常人而旣有及之之論則初非聖人也自餘千百諸賢勵志篤行尋向上去者或受氣不齊中道身先者也若假之以年則皆優入聖域矣氣之不齊者何也曰陰陽五行化生萬物山岳之高低江海之淺深草木之長短禽獸之大少千萬不齊雖存乎人者豈有一齊之理乎

聖賢而壽者稟其清粹而剛者也聖賢而夭者稟其清粹而軟者也愚不肖而壽者稟其濁駁而剛者也愚不肖而夭者稟其濁駁而弱者也氣化者固其然矣形化之後各隨父母之氣而與父母之賢愚夭壽不同者多何也曰形化之後多以父母之氣為準而壽者之子多壽夭者之子多夭而賢愚亦如之其或異者受生之初不但父母之氣也亦有受天地游氣而生焉故游氣之多而正者父母之惡氣不勝而為賢游氣之多而戾者父母淑氣不勝而為惡盖正氣之最多者即上知之不移若堯舜孔子者也戾氣之㝡多者下愚之不移而若

桀紂盜蹠者也其間正戾之或多或少而相雜者有強爲善而爲聖賢者有甘爲惡而爲愚不肖者是則中人之自取上下者也強爲善奈何曰吾有是性聖賢同得爲孝爲忠之理完具無欠吾有是心當孝當忠之道莫不有知而但吾受氣之昏弱雖不能遇事果決然在家焉立志曰吾當盡事親之道有所命則已雖不欲強以從之有所使則已雖不欲強以徃之定省之禮氣雖倦而強行甘旨之供力雖難而強求昨日所闕今日強補之今日所違明日強順之心心念念強作之事事物物強行之莫曰力不足志之所至氣必隨之若朝朝暮暮

年〻歲〻無時不強無處不強則下梢當見有不強而
自然之地矣

病夢録

上之二十八年辛未月正元日主人東首牖下點數平
生苦吟咄〻者久之夢一豎兒形奇色怪按余之衾犯
余之卧或前或後乍止乍有八股八臚千態萬狀余乃
愀然正襟危坐而語曰尔兒何兒偃然長者之枕席而
噬齎磨肥無所忌憚乎兒而無禮厥罪當笞豎兒微笑
而跪進曰小子之得陪先生有年矣先生之出入後之
先之者兒也先生之卧起左之右之者兒也且先生之

一飲一食一寒一溫關係夫子先生之命懸於豎手焉
用罷哉焉用答哉兒言聞來不覺寒心含憤移時黯然
有悟嗚呼戲噫我知之矣兒乎〻〻汝其明聽人生斯
世所樂何事綠楊三月獻策得意金門白日一蹴青雲
食前方丈侍妾數百無不從志而堯舜君民能事吾畢
太平烟月頹然泉石千兒萬孫瞭然心目則男兒到此
可勝快哉余於初年已有此志焚膏繼晷忘寢與食汎
濫書史涉獵經傳自擬早晏必闡大小科場而騷壇獨
步舍我無人越在癸亥爾來嬰我使我目不能着口不
能讀沉〻綿〻十載于今瘦骨稜〻氣息奄〻平生志

頑雲水澷敬大地蒼生夫誰經綸深讐既得宥赦焉歟今以赤箭丹砂攻其中列缺楓笞加其外使汝到燒蒼磨永不出世能無措手竪兒神色自如徐甫而前曰天之生民各有分職蓋伊尹周公不得爲天子馮唐李廣處老不封非其聖德之不足也將才之不敏也皆有命焉故孔子曰富不可求富貴於我如浮雲司馬公曰世之治亂人之窮達事之成敗不可以力致不可以數求然則後之讀書者當明此理之如何而利罷竢時得失付之天而已可也吾先生讀書初年其心必曰仕宦則當出作三軍之師入爲百揆之長切期不賣擢欲傾世

欲賭百代名臣中第一人之聲價詩文則該汗李杜渤
視韓柳欲空萬古之文章道學當特立游夏之上而肩
行顏曾之列則數仞墻壁若將期待而越蹈凡此數者
自生民以來未有一人兼之者也天意何事以萬古所
無之福善加之於偏邦之遐鄉一腐儒之身乎其萬萬
無屯理不啻若見青天覩白日矣而先生謾不知此營
營汩汩奔走狂醉今年明年期於必得千思萬慮紛攻
交亂天君於是乎赫然大怒命我小子苦其心志羸其
體膚沉吟床席病癈窮巷使吾先生不復有意於富貴
榮利之場而自反乎安貧守分之地故十年于茲盤桓

不退者正以此故保無他意先生不以爲德反欲加然
胡不諒只吾所不敢主人曰初年有志誠或有太過者
然而安貧守分亦是工夫中大事曾傳曰心有憂患不
得其正心之憂患孰大於疾病〻〻之極其正焉得但
心常憤鬱升天入地之意越海凌山之氣打破家事之
擧習與性成欲改而難改朝悔而暮然淒凉則白日長
歌慷慨則中宵擊劍意必之崩三軍難棄抑鬱之發天
子無嚴彭城之疽發見戲漢獄之嘔血小事病乎〻〻
異乎人之疾病有心疾病而責以安守童子何知爾言
忘矣況分內之事厥惟多端內而事親幹蠱等節病難

周旋外而事長揖讓凡禮病豈恭遜且世間百千萬億
之事甚不同疾病壞了竪見曰不然傅曰物不受變材
不成人不涉亂不反正涉亂之道不一其覩或困於耕
稼或勞於賈鬻其他飯牛鼓刀之事何莫非反正之權
輿也則吾先生今日之病又安知非反正之兆頭也若
使先生無此疾病先生其將幹蠱周旋盡事親之道乎
揖讓進退盡事長之禮乎想必抱頭胡叫東剽西竊遠
近科場奔走囊足筍或妙年登第一資半級幸有得之
冒進患失之病隨處隨偏乞哀昏夜驕人白日此可忍
守如或時運未來有司不公雖得被選於鄉擧而終焉

見屈於會圍一敗再敗忽焉五十六十皓首窮廬追悔
以此言之寧不如疾病之中無所營為而無所得無所
失之爲愈乎主人曰昔在呻吟常懷惴惴今聞爾言亦
頗有理然則吾今何曰授閭巷敬吾文何曰謹記姓名
吾學何曰十室忠信以若所為求若所欲有死而已其
不可成亦明矣主人曰誠如爾言吾生下榻將作呻吟
中人而死決乎若然生也何益惟願速死豎兒曰是在
先生伏願先生從茲以來安意調理永絕人欲之私克
復天理之公使此心如青天白日無一點翳滓之汚然
後答我以仁木誅我以義金燒之禮火埋之信土則小

子當斂手眠罷更無邪氣干其間而自然思慮以定肌膚以肥休如怡如自樂無求於是乎萬架經籍沉潛反復三經花木逍遙倘佯則分所宜也樂所存焉伏覩先生請嘗試之主人曰爾之許多說話何莫非撥亂反正之論而古之人其撥亂也即反正其反正也即行道今我則才智愚下器局狹隘亂雖撥矣正必難反正雖反矣道必難行道雖可行夫誰用我先儒有言舜遇堯而五典克從百揆時叙禹稷皐陶遇舜六府三事允治地平天成不然則泯泯於衆人之中後世誰知哉今則唐虞已迫岐鳳千年吾何遇乎吾病不瘳吾將死矣豎兒

曰不然程子曰天地之理一箇感與應而已又曰修養之引年國祚之祈天永命常人之至於聖人皆工夫到這裏有此效海山先生曰人之身體不可變短爲長瘠力不可變弱爲強而惟於心志則可以變愚爲智變不肖爲賢若使先生抽新溫故惜分陰而孳孳進德修業夙[illegible]夜乾乾習與智長化與心成昔之愚下也今日高明昔之狹隘也今日廣大而修齊治平之道次第方寸輔弼極濟之策穿籠掌握則又安知夫渭川之獵莘野之聘不復覩於今日也況今天下無君諸夏胡王百年天厭穢德吾道東來

列聖承承道明學高治教之休文物之粲伯仲三代奴隷漢唐儒臣之登庸而行道者蓋不可數計而周知則當今之時有志之士生此東方固亦幸矣先生不患不得用而惟患學之不立也不患不得遇而惟患智之不明矣詩曰鶴鳴于九皐聲聞于野易曰見龍在田利見大人論語曰祿在其中惟先生勉之哉主人曰雖然此等工夫非一朝一夕之所驟得者而千能百倍之後可或庶幾其萬一者也孔子曰君子居是邦不知其君爲恥居是邑不知其大夫爲恥先儒曰四十五十而無聞其無來學可知今余年既抱子學過三年君大夫之不

知姑舍而妻子不知爲學隣翁不知其名正冠平旦婢僕驚惺緊步閭巷村童拍手內而中心自愧外而面色騂然將行而攬轡遲回臨登而退足盤桓如是因循歲不我追其將幾何歲月做如許工夫更將幾何歲月成如許事業也此正古人所謂俟河之淸人壽幾何者也竪兒曰人命有壽夭聞道有早晩顔淵二毛而短折武公九十而悔悟君子何患乎學之晩也命之短也且道天開後億萬斯年有才無命有志未就者無幾萬萬人矣子曰朝聞道夕死可矣董生曰正其誼不謀其利明其道不計其功黃勉齋曰眞實心地刻苦工夫此三

者皆聖賢之至言而吾先生今日所切用者也大畧既
盡兒言不再主人不知所應但頤可唯唯而已山鷄報
曉豎兒不見吾亦驚悟乃一夢也即起取筆書用識款
以供松下客一笑之資云

中庸或問抄

名篇中程子曰不偏之謂。呂氏曰無過不及。合而言者。
中有二義。在中在事。未發已發。程言和中在其中。言中
含四情在中。庸程不易。朱平常。常故不易。平常不是同
流汗。禪授放伐亦常事。見知於湛人志功答差。程呂謂之爲
人學。二者不可同日語。天命之性。天生此人。如朝廷命

此官。人有此性。如官有職。四端。虎狼父子。蟻蜂君臣。豺獺報本。雎鳩有別。花盆灌水數榮摧折枯悴。乃是知覺知天與我則釋空非性。知我得天則老無非道。知聖人教我者皆曰固有則。世儒訓詁詞章老佛清淨寂滅。管商權謀功利百家衆技之流。皆非教也。若曰固有。學問思辨。推守推行。教由我立。程論章性私欲未萌處。呂游楊。皆有人脩後為道之病。程養以初。修求復。初不失中何修之有。非子思本意。於呂稱其深潛。於游稱其頓悟。於楊言但可隔壁聽。不睹聞已之不睹聞。謹獨人所不知見。諸家或但為謹獨而朱子分為兩事。以人與己不聞知。爲存天遏人。楊氏以衣食作息視聽擧履爲道。朱子亦非曰衣食作息視聽擧履物也。其所以如此之義理準則乃道也。若曰道不外物人與物在無適而不有義理之準則不可頃刻去之不由。乃中庸之旨。若曰衣食作息視聽擧履爲道桀蹶之事。必爲道矣。中和。推本天命之性。以明由教而入。中和極頭自位育。聖神能事學問功。固非始學當議處。思篇何意弁卷首。射者之的行者之歸。立志初年可先知。中爲道體和爲用。體用元来不相離。還似耳目能視聽。名雖分二實一物。位育諸家揔理言。其言不備啓後疑。不若直以事言之。有是理處有是事。自古裏亂病中和。位育從此失其常。山崩川竭是不位。不必天翻地覆爲。胎殰卵殈是不育。不必人消物盡爲。豈無聖人生其世。窮在下奚力未救。但能一身致中和天下雖亂自安泰。一家一國莫不然。中和分屬位育下。不爲破碎有從來。子思中和未發中。周子中者已發中。中是狀性體。不可便謂性。譬如天圓而地方。方圓不可謂天地。心體寂然不動是。心用感通天下故。在中靜時恰好處。時中動時恰好處。喜怒哀樂發未發。分豈這箇兩中字。執中莫言未發中。未發不可下執字。未發莫言未中說。未則思也是已發。不待喜怒哀樂發但有所思便是發。赤子心中無營欲。不遠乎中近乎道。
赤子心但純一已。聖心明鏡止水如。未發當爲鏡水體。
已發當爲鏡水用。當中(未發中)豈廢耳目用。無聞無見四
者娛。無事須見須聞說。可識程答錄其非。靜時未有所
知覺。但有能知能覺者。此(靜中有物)譬如坤卦不無陽。不同
復卦動一陽。靜中有物此之謂。已發之後可善觀。無時
不中道之中。有時而中事之中。復卦其見天地心。諸說
皆稱靜能見。程子始曰動時見。靜中有物是難處。學者
從先理會敬。能敬則自知此矣。敬之功用是主一。平生
思慮患不定。一事生處又一事。凡此皆是不誠本。要求

一之可庶幾。祭時不見不聞說。恐是過當更詳之。不見不聞如聲謦禮容樂節詳能知。楊氏之。未發心驗見執能體說。恐是呂氏未中意。慟喜中固自若說。出怒不怒語一般。聖心喜怒哀樂時。不必從此同不否。生爵死謚無可稱。子孫於祖亦名之。生尊名死諱名。周人固已稱文。雖然未諱其字。皇祖真稱字。夫子衆所呼。不曰仲尼何。小人中庸說。只稱無忌憚。不自知其非。自以為中庸雖然不若王肅本。程子朱子亦曰然。足鮮能久於中庸以謹不能期月守。雖然矣字是已然。既不興行蓋久矣。能知君子所不知。知者過之不為中。不知君子所當知。

是曰愚者不及中。賢者不肖行亦然。中庸豈可擇。擇則斯二矣。此是侯氏說。過高亦甚矣。所謂擇中庸。學問思諸等。南北之强皆失中。四者之强〻之中〻立固無依。弱者必偃仆。無德之隱是索隱。此義略通不如索。男女居室人道常。雖愚不肖亦能知。推極不但聖不能。天地不能盡得正。造端夫婦極近小。察乎天地極遠大。易首乾坤詩關雎。書記釐降禮大昏。皆此意。費中自有隱費人倫日用間。鳶魚上下察。皆是活潑〻〻。必有事焉同。天地古今無空缺。活潑〻者正以此。此釋氏亦有鳶魚說。與我不同果何如。鳶可躍淵魚可天。釋氏一切混亂說。無如于淵鳶如天。君臣父子各止所。言其發見無彼此。形容此理絶不同。呂氏上下分中庸。此章之上下也費爲常道隱至道。恐皆未發更詳之。退之魚川鳥雲說。上下自然亦一般。鳶魚上下說。以明道體然。能知此理明。可入堯舜氣象。奇知夫子與點。良知良能爲道費。良知良能是道外。不知不能爲道隱。道亦天地一無用。黃帝具茨行。七聖迷路說。此是莊生說。不可論中庸。游氏致證聖不能。不可知者更詳之。夫婦所能亦一道。天地有憾亦一道。所引張子說。豈是姑息論。行遠如自邇。自有先後序。道體本無窮。一日難所盡。〻道以責人。〻必不堪爲。論語

忠恕動以天。聖人事 中庸忠恕學者事。忠恕是形影。寧有
不忠恕。天地化草木蕃。有似乎恕。天地閉賢人隱。有似
乎不恕。天地恕吾雖同人。有似云守不如然。如將一己
難克事。天下皆是可恕人。是皆無君臣父子此豈聖人
教人道天下國家無非者。不非人者學之至。及仁及智
不陵下彼當吾仁不援上。道在天下無古今。存亡得喪
不以世君子窮通皆好小人窮通皆醜。氣者神之盛。魄
者鬼之盛。死必歸土是爲鬼。其氣發揚神之著。魂氣歸
于天。精魄歸于地。燎以求諸陽灌以求諸陰。薪盡烟必
上形歸氣必揚。口鼻呼吸爲魂。以氣言。耳目精明爲魄。

以血言。魄(陰)者形之神。魂(陽)者氣之神。耳屬腎。血盛聽聰。血耗耳聵。眼光耳聽。是之謂魄。陰陽合則魂聚魄凝而生。陰陽判則魂升魄降而死。魂者陽之神。魄者鬼之神。發見是鬼之神。如人祖考氣發爲鬼子孫盡精神以格之則洋洋如在豈非鬼之神耶。天地陰陽交合成人氣是魂精是魄到死極氣上出爲魂升下體漸冷所謂魄降。屈者不妄伸無息。程子已辨其呂非。如將鬼及爲方伸。是爲輪回豈理本。鬼神有無固難說有亦不可無亦非。若有若無間。自有好理在要有便自有。要無亦自無。鬼神是爲主。萬物是爲賓。鬼神之體物猶貞之幹事。

物皆鬼神之所爲。鬼神爲物之體。天命不可易可易是
有德。脩養能引年。常人至聖人。死生有命以氣言。富貴
在天以理言。舜得其常理。孔子不得常。顏跖壽夭亦非
常。孔子不祿位。適了氣數衰。泰誓稱文考。武成稱文王。
文王未嘗自稱王。游氏明之補名教。廟制太祖。昭昭
穆穆各廟親盡則遷主於太廟夾室而祧廟主在本廟
皆東向而入太廟祫[音洽]祭之時分昭穆比南向也昭常
爲昭穆常爲穆。子孫拜祭先祖說。恐非程子終身語。然
則秦政除謚法。不爲過矣是豈理。百世不遷稱大祖。推
此可知程子意。天子諸侯大夫士。各一其宮制則殺。後

世間堂異室西上禮。實自漢明亂命始。漢初廟制雖非古一位一廟尚遵古。明帝不知禮義正。光烈別室詔藏主魏晉循之不能革。先王宗廟禮始廢。原廟孝惠篩非。且叔孫通棄禮後世不知責明帝。但責孝惠與叔孫。宋之神宗嘗有意。未及營表可惜之。二帝王盛。從此不復見。生爲天子尊。死乏一室容。嗚呼惜哉。生知生而神靈者。安行安於義理者。學知學所不知而知者。利行真知其利而必行。親之而不任事。所以親愛保全。法度非誠只虛器。誠非法度亦虛器。朋友如不信。令譽君難聞。于親如不順。明友必不

擇善是明善。固執是誠身。所

謂反身說。當在格至後。知若有未至。反身多不誠。若不
格物先反身。尤非大學次第功。誠意蓋難詳。真宗且無
妄。我視天地間。天理得誠名。且雖聖人心。亦得誠之名。
天之道鬼神德天理之誠。不勉中不思得聖人之誠。一
言之實。一行之實。莫非誠也。大小一也。天理聖人何謂
實。一則純也純則誠。冲漠無朕無聲臭。百千萬年無一
息。此天之誠。人物之生亦天理。氣質稟來異紛雜。渾然
天理無人覿。從容中道表裏一。此聖人之誠。小人反是。
誠有實理有實心。實理無二實心二。君看大學誠於中。
心如實也即謂誠。無妄是自然。不欺是着身。博學不可

先要約。積累他日可造約。學者不可有成心。既有成心不進道。苟無成心知所疑。小疑小進大疑亦大進。疑者不安其故者。不安其故可進新。疑必可問。問必可審。學問只是得外者。旣得可及心驗實。察精信篤守之固。心與理熟一彼此。思無太多無大深。多則不專深過苦。[illegible]悳

鹿峯先生文集卷之二

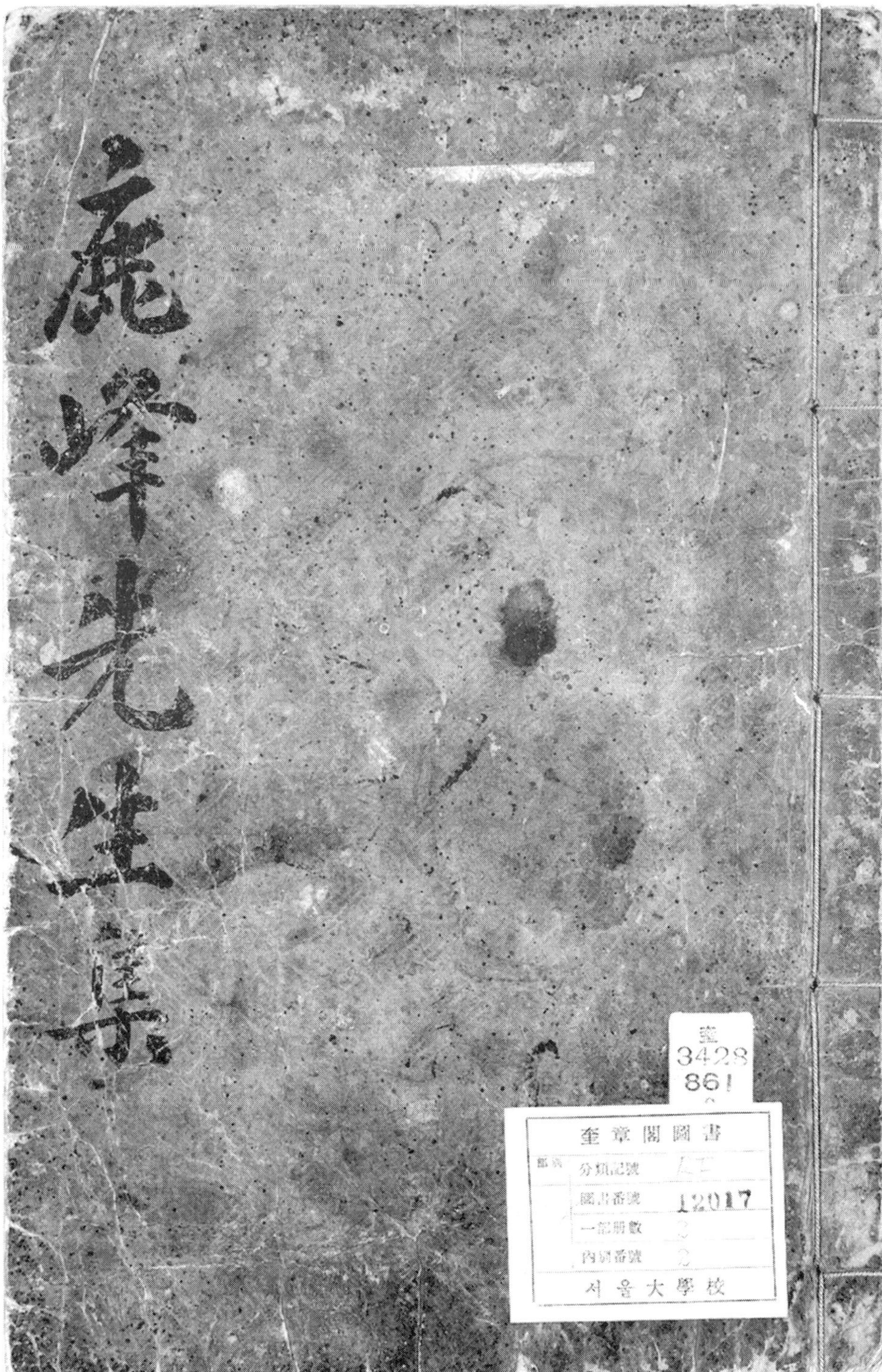
鹿峯先生集
奎
3428
861
奎章閣圖書
分類記號
圖書番號 12017
一帙冊數
內冊番號
서울大學校

鹿峯先生文集卷之三

時弊問答

聖上即位之春太歲丙申之年也詔令明肅政教和暢環東土男女之知者愚者貴者賤者咸曰將興三王之盛堯舜之治雖在若喪之餘而莫不有更生之心則余雖老羸需死而自念身親見之寤寐頌禱之無已客有叩我者卒然問曰天下之生久矣一治一亂氣數之常也而秦漢以來雖有治亂之相繼未有如唐虞之盛三代之隆者何歟天道無終否之理則抑人事有未盡而然耶將自玆以往至于人消物盡

果如是而已耶民生終身之飽里巷時雍之化亦有
時而可見耶主人林居至老生民之利病治教之得
失想應料理於幽獨而經世之遠謨救時之神方已
得次第於方寸願賜一闡如何余曰客之問誠大矣
而老漢平生破敗長技窮年營食而蔬瓢頻空終歲
謀衣而布褐未完經世之謨救弊之方奚暇而治何
討而得不知謂不知無以仰答矣客曰語嘿之時君
子雖重空言之設古多有人言之雖無益言亦何害
余曰治平規模載在經史不必疊床歸可求之客曰
二帝三王之大經大法雖載書傳而汗漫難一夫子

為邦之答簡要而不能推類及偶嘗傳治平之道只言修己治人之綱領條目而未及乎因時制宜之方董子天人之策開端雖善而武帝不用故無功效之可驗濂洛關閩之賢先欲格君心之非而發源於孟子之論至矣大哉而時君不行故亦無成治之定法歸雖求之難得領要且目今中原陸沉天地明夷宇內一治姑且不論而我東雖僻在褊偶安弊珠玉不得已行而春秋大義世講不廢衣冠文物獨大明況地方千里民人社稷不患不備則當今之世若可言治正夫子所謂吾舍魯而何適者非我東也耶一變

至道必有其方而愚而不明願得其詳余曰客言庶幾而可與言治三辭已足固請不已不可無言請極槩之幸可否之消長否泰古有常理生民太平豈無其因但人事之失蓋有大關何者異端起而士趍失正井田廢而民産不恒若不更化則雖至人濟物盡而如斯而已明效大驗在秦漢之前後不必然但末之思耳秦漢以前蓋有失德之君病民之臣而其所失德者荒淫而已其所病民者厚賦而已至於大本之學井地之法未變也故雖有亂極財窮之日其君亡其臣死則士趍如常民産依舊有王者作則一

擧措之遂成太平自秦漢以後異端爭起民不受田
或有欲治之主有爲之臣而其所教民者不過姑息
之策而申韓之學老佛之法各立門户民不知一統
其所惠民者雖除稅之惠息負之澤而彼地無立錐
之民又安能容易而奠其業得其所哉故君亡臣死
則世教貿貿民產憒憒豈是如初而烏可望三代之
治耶唐宋以後則所謂科文已成一種别學爲多士
喪心滅性之尤物者久而至於近日爲極矣我東而
甚矣自卿大夫以至士庶人爲父兄者始教子弟也
必曰此兒能詩乎能賦乎得何妙句而悅人乎得何

雄詞而驚人也滔滔營營不顧乎其外則爲子孫者亦以父兄之心爲心而擢肝抽腸窮思極念自在乎其中世襲成教家傳作法悠悠千有餘年間驅天下古今忠良才智之士納諸鬪新競巧之場于進冒入之術而莫覺其非莫知其避而生死於斯者亦幾萬萬其人耶始作俑者不但爲無後而已惟其如是故工於是者世謂之人才業於是者世謂之士流其亦異乎孔子所謂才難之才可謂士之士矣尤所痛切者人之窮通家之成敗一繫於科擧文字故公行之賄賂奔走之干謁莫不出其門而爲天下第一奇貨

甚至於求善價而爭沽剝竊於二帝三王載道之器而爛熳於賣文商人交易之場悲夫至於民産之失業自相買賣之後富者田連阡陌兼幷驕溢勢成公侯（此下疑必多有闕文而未得搜見惜哉惜哉）

上趙明府（先達）書（追得於休紙之中而記焉上下多有落處）

（以上落）見愛良深每於登榻之日經傳之奧義性情之本原觸冐尊嚴極口苦爭一未得吾與而至於天地之說復禮之論尤不足多卞者支離半歲一向携貳私心則以爲盛德包容內雖心許而外則頑可聊爲一場善戲之具欲通上下情志云爾今奉下書有終

不歸一若好勝等敎則三復不覺戰汗 某雖至愚安敢以不經之說無徵之語好犯上而求必勝自陷僭妄之罪哉然義理者公物也若合乎義理之至公則又安敢以瀆冒爲嫌不罄所蘊以畢其說乎若夫天地之說天之下爲地地之上爲天此非深遠難見之理而閤下之終未釋然者抑察理欲精而生疑於不當疑之地耶若曰近地非天而必於蒼然耿然而後爲天則天文志曰南極入地三十六度朱子曰以取證正如閤下之見南極旣入地下不爲之天可乎抑又有一說旣曰近乎地者非天近乎天者亦不可

謂地矣彼崑崙嵩岳之絶頂準以平地不啻萬〻丈之高矣平地仰見豈非蒼然杳然乎然以其上面爲之天則不可對此而言尤覺無疑至若復禮之設當初設禮之義必有〻所爲而作聖人必不虛設且家禮疏說亦必有據矣閤下一切以爲死者無可生之理皐復只爲魂箱之具而疏說至謂不經也則正所謂能見嵩山而不能見其睫也死罪〻〻子曰道之不行也我知之矣賢者過之朱子釋之曰賢者行之過既以道爲不足知此道之所以不明也某嘗受讀而竊疑之曰既爲賢者何以道爲不足知也今見閤

下天資粹美躬行篤學辭氣之出誠意藹然顔色之
正中孚莫掩則真可謂尚德之君子而尋常立論則
必曰心性決不可思索理氣決不可分析而文義之
微辭奧旨義理之毫分縷析不欲講究而厭苦無已
此誠不幾於行之過而以其道爲不足知之賢也耶
聖賢之言豈欺我哉閤下日誦中庸而莫知察也惜
哉想必病世之學者舍近而務遠賤行而貴知卒無
成立之效自歸虛驕之科故如是立論如是自修誠
有所補益於世教固者多矣然若格致已至洞見道
體而如是立論如是自修猶未免於晏平仲之行欲

嬌奢而反失於儉卜子夏之言欲務本而反害乎學況未及乎此而徑欲如是則所知不過止於姑息所行不過安於小成此豈聖賢之學此豈聖賢之道哉心性理氣若不分曉則天理人欲不能自別日用之間必多認子爲賊認賊爲子之患矣所失豈么麽而已哉尊德性而道學問以下五者聖賢所示入德之方莫詳於此存心致知不可小偏而至於盡精微等處閤下必曰姑舍是如是而能至大中至正之地乎大學之道在明明德在新民在止於至善朱子結之曰明明德新民皆當止於至善之地而不遷明德新

民若不止於至善則自畫也非大學之道也閤下必曰至善何可至也閤下日誦大學而立言如是愚惑之滋甚而難解也惟其如是故閤下為政亦近於如是大瘼雖除痼弊猶存人雖服其非貪非汚而廉潔莫許人雖稱其仁心仁聞而膏澤未洽勸士而士習日偷訓民而民俗日敗此正孟子所謂不行先王之道故也所謂先王之道者仁政也仁政之許多節目布在方冊亦多有因時制宜可變通而變通者也孔子曰起予者商也起者有助之謂也商之賢無或彷佛於聖人而猶有相助之理伏願閤下勿以人淺々

而廢其言也自今歲色初改萬物權輿及是時也振拔精明曾思舊傳誦讀之際字求其義句探其趣必至神會心得一夲萬殊萬殊一本之妙次第方寸於吾身親見昭曠(以下落)

至於京師之蒙福矣(以下落)

聖上分憂眷眷托可以(以下落)

望(以下落)大學曰見賢而不能擧慢也中庸曰為政在人雖聖知之才必得賢臣而後致治今閤下好臣所教了無求賢共理之意閤下日誦中庸大學而自謀如是可謂買櫝還珠者也歲月不遠及是時也廣求

賢才以充百司而大斷私己之根株以朝聞道夕死爲心則庶幾收拾人心以永終譽不然則閤下年亦暮矣實不可逢因等待後期他日也民年長閤下三年矣生長偏邦試之天下固不可論而八域生靈之被澤庶幾親見從茸之間量時度才則已矣已矣幸逢閤下得賢牛刀之試則亦可謂不虛生老矣今又已矣古人曰一人之得亦有命也況四千戶五六年之泰運寧易得乎誠可謂邪思忘念也 跲

黃巖書院講堂重修上樑文

先賢安靈之祠制度重煥後學講業之室次第嘗修

葺因舊營更增新繕恭惟我存齋郭先生大笑軒趙
先生文章世業孝友家聲學慕聖賢泝淵源於伊洛
志存經濟試牛刀於安咸儒化庶幾士有觀感之效
鄉俗丕變民切去後之思安知海寇之跳踉遽至漢
甸之蹂躪寅緣有懷奈二邑繕治並守乎孤城叚鏑
之躬操而即墨粗安民人之多聚而睢陽可保東門
失鎖賊臣遞活之計而兇未遑於陰誅西壑成川義
旅肝腦之血而天猶混迡於究籲難扶以隻手力竭而
理窮授命於同時義盡而仁至南八死耳之義託我
祖而舐追厲兇滅賊之心護天兵而是快公議齊敦

士林俎豆之請越自陷城之年慶節有時 朝家祠
宇之命始在甲周之歲忠魂可慰毅魄不孤肅建廟
于茲爲近黄石又設齋于外以容青衿 恩額煌煌
肅將事而景慕堂室翼翼樂絃歌而依歸中因風雨
之頹以新廟制盖縁財力之竭未克齋修宇敗棟傾
覆壓之危哉若朝若夕堂滲室漏觀瞻之慨然彌歲
彌年興廢相尋構堂有待乃於今日始繕舊齋陶瓦
運材則莫非太守右文之深誠命工董役則實賴有
司幹事之勤意上棟下宇仍舊礎而增修棄短取長
燬新制而逾敞灑灑欄軒之明淨正正廉隅之寬閑

唱

仰其高景其行瞻高星而起敬立於禮興於詩俾後源而思述聊爲短。助擧脩梁抛梁東齋月光風指顧中萬戶千門開次第豪情爽氣一時通抛梁西碧立黃岑天半齊破壁崩城至今在神風朝暮颯凄凄抛梁南方岑千仞浮翠嵐千天烈氣爭低仰礌磚千秋相對臨抛梁北點風一陣爽春脈鳳翔千仞餘遺像童冠幾時聯七六抛梁上昭昭星日天垂像仰之不愧雙忠魂應致帝傍混蕩蕩抛梁下學德坤元圓萬化徂徂人間鍾傑英危邦扶植綱常大伏願上梁之後儒風丕新士趨益正絃於是誦於是奉俎豆而愈

慶忠于君孝于親仰模範而彌篤

五世祖正字公碑陰文

公諱德蓋字施普貫居昌居陁君諱堅規之後高祖諱恒典牲署令曾祖諱貴孫副護軍祖諱璀將仕郎考諱友參都事公生于嘉靖丁酉隆慶丁卯中司馬萬曆癸酉登文科庚辰二月二十六日卒享年四十四許多文集書盡失於龍蛇兵火見存者只有居廬時告墓文數篇及瑞石山與高霽峰相和詩數聯而已讀其書而孝友之情藹然於篇上誦其詩而冲和之氣鏗然於句裡善述者能因約而致詳之則道德文

公

章庶幾形容而發揮之而闡幽之筆力莫逮或未稱
情懇反貽累故於贊揚上則不容一辭蓋根誠孝若
此移之事君必效致身之忠而事業成就不可量也
惜乎釋褐數歲而丁憂釋衰踰年而捐世班以正字
而止爲子孫百世之痛爲可已已配八溪鄭氏瀞之
女與公同歲生三男二女男長誠甲次敬甲進士次
弘甲女長適士人鄭翼周無后次適士人慎諱崇禎
壬申八月十六日卒與公雙墓黃山艮坐之原短碣
之表累世未遑矜賴大宗贊力始得竣事蓋盡誠
經紀於先塋累代石役故宗人追慕而齊聲誠孝之

感應之驗也先系及子孫錄片石難悉責隧盡禮俟
後世於無窮爾
崇禎後三丁未十一日撰

巨濟縣令鄭公芝榮碑陰文

公姓鄭氏諱芝榮八溪人麗朝光儒侯後裔也高祖
諱希安進士曾祖諱鳴雅副護軍祖諱玉賢考諱仲
孫公生而岌嶷早登武科官至巨濟縣令而終配延
安李氏守門長時義之女生二子曰習曰恭々之子
長曰又新登武科行都摠都事生一男三女次曰日
新生五男迄今六七世而本支內外諸孫蓋以千數

則亦公之餘慶所及耶公之七世孫道濟道欽一日以手録來屬余曰吾巨濟公先祖有吾家光先裕後之功而短碣之竪逮此二百年之久則其間海寇之亂回禄之灾歷職年紀及實績始終蕩然無傳而今始攻石請記碑陰余以不文辭不得畧叙梗槪以俟日後善述者云爾

崇禎紀元後三丁巳三月　日撰

烈女權姓旌閭碑陰

女姓權氏安東爲士夫近裔生于丙子及嫁歸鄉隣稱其婦道歲乙卯夫爲猛虎所搏女冐死奔救格殺

其虎遂上達
命復其戶仍賜五十卜典例而敎令旌閭子幼家貧
未即經始于漢翊始長以
崇
禎紀元後三周壬辰九月日達

壬辰九月 日撰而書

黃皐 愼先生五父子呈書

伏以擧賢旌善朝家之常典稱善曰賢鄉士之公議
也彼一節之士一藝之家允有秉彝之心者猶且稱
不容口或恐隱而不宣況兼備百行窮探六經者乎
彼闔郡世有一士之獨行擧世或有羣賢之輩出則

在朝在野猶且相和而相慶歸其盛世之美稱其善俗之功甄拔之不暇向慕之恐後況一室之中父而子兄而弟伯仲叔季之間繼先賢之遺緒任斯道之至責之家乎淳風久渝士學不明不知心性之爲何物而誠正之爲何事者稱以士論名以褒善刻畫無鹽唐突西施而紛紛於公庭之下已成弊俗久矣故執事大人亦眩於名實初不聽施無意轉達間有實有其行之人而爛熳情僞同歸泯沒豈非斯道之不幸斯民之無祿也耶本縣有故童蒙教官黃阜愼先生守彝即樂水先生之五代孫陶菴李先生之高弟

榤泉宋先生道義之交也自任斯道專心聖學自修則以尊德性道學問而居敬窮理以趍乎大中至正而無所偏重設教則自灑掃應對以至於盡心盡性而無或躐等經倫大蘊虛老林泉晚年雖登聞于朝而未及大施遯藏山顛使斯民未蒙陶鎔之化者世運之否而然耶先生有四男長曰德明次曰道明次曰認明次曰義明皆無忝匪懈善述其事善繼其志者也豈天將復啓嶺南之儒學而俾吾道之重光耶夫何淑正之氣徽美之德萃於一門而在古昔而罕聞爲後世之莫及者若是之大哉斯四人雖道同德

合而其中有長幼之序有出處之別隨時事業自有可分言者故次第而條陳伏願垂察焉其長德明白在髫齔頓悟絶人先生所教是效是則無所違闕及其學問精審見識高明讀書必以窮格爲務誨人必以踐履爲期到得義理之蘊奧精微處毫分縷析觸處融解幹家之日家有屢空之歎而身有難醫之疾其貧其病人不堪憂而斯人也能周旋通變極力營辦極親滋味事父父稱克家兒事母母稱純孝子及遭先生之喪斯人年過六十矣嘗糞以驗其症血指以祈其命擗踊過禮粥飮每却數百里行喪哭不撤

裏病寒程自多受傷逗擲之後疾篤而不幸學者之
將以所事先生事之者至今飲恨次道明幼爲人後
隨其所在各盡其孝芝肴溫淨之奉殫誠於所後父
親而亦無憾於本家養生送死之情禮備盡此彼人
無間言其學問之精深躬行之篤實難爲其兄之歸
而其處變之道則能人之所不能行人之所難行也
及此永慕之日與諸弟而友愛愈篤窮經義而樂善
不倦真所謂年彌尊而德彌邵也次認明即遍訓大
夫司諫院正言而生而表相殊凡才稟過人自纔能
言聞字即通觀物命字如古之神童指燭爲一栺蛙

爲大者多矣及攝卷從學日就月將總北之日已有
經濟之意屬文辭經咸以理勝登科以後一以盡忠
竭孝爲己任自奉寄城之養喜得彈誠之日莅官嘗
耳困遭巨創及奉偏親以報親日短累辭廊職每以
承奉忠養爲心而無復有意於從宦也及遭後喪其
嘗糞血指過哀盡誠一如前喪每恨早從科業以致
定省之多闕甘旨之未盡爲平生之至痛若其喪盡
其哀祭盡其禮人曰無憾而其所自憾如是可謂能
竭其力而每懷靡及者也至若率己之方則沉潛乎
聖賢之學涵養乎誠敬之工躬行實得泛應曲當雖

赴擧臨場之時處置安閑少無奔走營苟之態但利
兕俟時不以屈伸爲歡戚及其釋褐之後非立朝臨
民之則布衣蕭然人不知其爲仕宦者而手不釋卷
講究其修己治人之道出宰視事未能百日而綱紀
約束嚴明不苟仁恩惠澤流布百里桐鄉遺愛至今
歌頌家居之時兄及弟爲一堂怡怡引接多士講論
經理可見其抱負至大而庶幾於古人從容進退不
變平生之所守者矣棟樑之材經倫之手舍此其誰
次義明性質和美兕誠靜遠自在幼少不事華飾專
心孝愛以伯氏之喪病仲氏之出後叔氏之從仕妾

身幹盡不離膝下懷橘之養扇枕之誠藹然於吹愈

之日班衣之戲簞瓢之役不懈於知命之年中以親

命暫事科業累捷鄉解非其思存每以廢擧就養懇

乞於親而親亦許之一以薰炙於父兄之賢周旋乎

菽水之供爲心而餘力學問前言往行次第講礼以

長識見經倫條理運會亨才以廬範圍及夫先生之

表出於叔氏之官也斯人也以先生命繕治家廟暫

爲離側數百里奔哀幾至毁絕哭泣之哀擗踊之慘

行路垂淚婦孺傷心遂以未得終命於先生痛骨崩

迫自作難容之罪如窮人之無歸從藥左不敢少須

史雖側於萱堂謝絶外事養盡無方及其喪也嘗糞
斷指祝天祈神初終之過哀三年之遑遑幾絶而復
甦漸毁而羸瘠若不保生而亦不敢過禮而俯從之
孔子所謂君子也終喪以後日與學者講論經義自
修之道誨人之方一從先生舊制每朝引諸生開讀
小學一篇講究本文文義而窮到底指導諸生踐履
之方而必以孝悌爲先務日間敎以經史子集而解
義必以理勝爲主高冠博帶儼然終日理氣之本源
精微之縕奧涵養之要格致之妙必以融會貫通爲
期仰思未得處則不耻下問必至恰好正當處爲快

凡所施爲些少細微之事必分王伯之心路而擧行嘗自警曰當尋孔顔所樂何事任重道遠胡不弘毅毋曰幽微上帝臨格夙夜匪懈宴安鴆毒其座右銘曰寧學聖人而未至不欲以一善成名以其所警覺其所行則其言行之一致體用之不悖亦可見矣不腆產業費盡於奉親之年弊褐難掩疏食屢空憂色不形志氣如常豈非謀道不謀食而貧而能樂者歟文辭旣宏筆精且健科試冠倫宜若拾芥而專心聖學絕意榮塗豈欲居天下之廣居而富貴不淫貧賤不移者歟刻苦工夫而眞實心地苦口終日眷眷肅家

豈欲學聖人學不厭而敎不倦者歟噫其伯氏旣不幸不勝喪於三年之內而仲叔季三人則廬于墓側歠粥練前不脫經帶不出山口晨昏哀省三載如一而神明所護幸而得全服闋之後雖祈寒盛暑每月朔望必哀省墓所平居每晨謁家廟風雨不廢出入必告大抵斯人兄弟之始終大略難以如干筆力一紙張皇而狀中所陳若有詳畧則其誠孝之篤學問之熟踐履之實立心敎躬接物之方蓋無而二三而一難爲兄難爲弟者也昔程夫子兄弟幼時侯夫人嘗曰壯元及第程伯子林下處士程叔子末後其言

果驗矣先生亦以此事期待於叔季二子而其言亦驗可謂知子莫如父母者也叔季氏嘗出入於櫟泉渼陰兩先生之門講究明誠之學探賾義理之源踐履日篤造詣日卓而淵源有自門路亦正卓然爲一世之師表蔚然爲多士之矜式若以二先生所獎許論之則正言之登科也櫟泉先生抵黃阜先生書曰今識大闈爲 春邸得一好講官此實國家之福豈但爲德門之私慶耶渼陰先生嘗見此兄弟故伊後南士之求學也必曰安義有愼某兄弟可從學何必及吾門也云爾則斯兄弟之學問造詣若無所立之

卓爾則兩先生許獎必不如是之深也彼東漢荀陳
兩家其學不過清淨無爲而僅至於吾以治躬不至
於爲惡而已猶且八龍之稱美二難之問答膾炙一
世爲天下名家而顯揚乎朝廷則況此父子兄弟之
學皆以格致誠正爲本祖述乎濂洛開闢而以達乎
孟氏之傳者乎洪惟我 當宁聖學出尋常萬萬崇
奬先賢搜剔遺逸如恐不及而如此此曠古稀今之事
未得上聞則士林悶鬱之情益復如何伏願閤下特
加右斯文衛邪家之誠意采此多士之公議惟此父
子兄弟淵源道德卓絶才行從實枚擧使已沒之父

子得蒙追奬之典時存之兄俱被擢拔之恩以致輔
翼乎聖躬於式多士之意轉報營門以爲啓達則斯
文幸正風教幸甚

求言應製疏

伏以臣病伏窮山首白訓蒙天經地義講之有素今
年七十有二死亡無日但恭俟時命伏見
殿下以天變求言及於草野之不能自致臣伏讀聖旨
側身責躬至於減常膳之極臣驚惶痛迫西望霑涕
聖慮至此庶幾無疾病之爲祟耶臣三復 聖旨
殿下之驚心專在於陰虹干陽春以無花蓋日君象而

殿

虜亦天象也虹貫兵動之象而無花胡風之所驚此
必胡運方訖皇天示衆有以誘激　聖衷而使微臣
得展平日之所蘊以成亡胡之氣數也臣安敢以出
位之戒坐失必然之機會耶噫春秋大義無所逃於
天地者而　國家皮幣珠玉之恥幾年于茲
列聖薪膽之忠志士風泉之感愈往愈篤之中我東
之不變衣冠兆足爲不食之碩果大報之壇萬東之
祠不啻三戶之楚謠則壯定中原斷自毫伏願
下勿以臣言爲狂惑迂濶而夬揮乾斷選將練兵亟
竪北征之義旗以荅天變則天下萬世之幸甚

自狀

夫行狀者狀其行也余雖無行不可無若干可記者余年十餘歲聞胡王中原肖中勃勃隱然有北征中原興復 大明汲汲登科而借便焚膏繼晷夙夜靡懈於是以讀書過中致有虛勞之漸藥餌多年因遂不着時則年過二十點檢世情則雖登科北伐之便無緣從得於是披閱聖書欲不爲不順乎親而氣稟所拘朝悔而暮行養親年幾五十終不能順乎親心終天之痛無所逮及於是有善兄弟之心而少有不合則遽加咸怒終不能致怡怡如也假我數年

則庶幾萬一而今焉已矣悲夫悲夫若夫經傳之毫分縷析雖不敢自居而有才者覷破能言者折衷此不足貴耳甲辰閏三月二十七日呼兒瑚起草爾

從師懷川記

辛巳初夏聞 櫟泉杖屨到星川院即往院中則行次時未及院而院儒先期來待時則有李景仁吳士能與六七同志坐於講堂矣俄而行次及門諸生皆下堂揖請先登 先生固辭宋景祖先自雷田陪來在後而揖諸生曰 先生既固辭諸君可先登勿使

先生乃次堂下於是諸生先登 先生仍上堂諸生進拜 先生答拜即行入廟參謁禮而景祖隨入賛禮蓋自入門後行步周旋拜揖坐作間容皃辭氣溫粹和平之中又有儼然不可犯之氣像矣諸生相顧歆動曰此何許氣像容皃耶倘所謂瑞日祥雲者非此耶所謂玉色春頳者非此耶 同春氣像曾以文集中所錄想像如對矣何意今日得復見 同春耶果酷似無間矣 先生謁廟畢出曰謁廟之禮宜無異同而湖西則爐榼在於神位之前而此院則在階上何耶景祖曰非但此例之別拜禮亦異此土之各

院叅禮皆香後再拜成俗而香前之拜禮可怪 先生曰香前之禮似不可闕矣仍見院皃之不成爲嘆守令輩不護學宮大傷風化云云 景祖又前席指余曰此人志在學問每欲進拜門下而家貧親老遠地從事自多掣肘訖今未果而居常茹恨矣 先生曰遠地相從實有難矣余曰進曰寒鄉晩出命又多舛半世奇疾全廢讀書貧窮又迫日不暇給如是之中氣質粗暴不能安受事業之成就絶望已久但貧病中需用揔是逆境也實難事事 質疑於有識家而必先得義理之頭顱然後目下凡事似當隨處不悖而

所謂頭顱處茫然未解敢此請教　先生曰義理頭
顱載在經傳中許多訓辭安可以卮言形容乎余作
而復進曰經傳未得遍讀而若干讀處文意未曉其
歸趣故行處尤多疑晦　先生曰余亦未有知文意
且可辨之因講中庸及他經傳平日疑處　先生逐
條明辨酬酢如響而但已見未到故聞教心未融貫
耳翌日因論先輩所見之異同而南塘屏溪之優劣
先生曰先輩優劣固不可知然而南塘以盡讀天下
之書盡窮天下之理爲己任屏溪則所守精約耳復
問遂休堂學問造詣何如。先生曰吾聞遂休堂爲慶

尚監司善治者而學問造詣非後學之所敢輕議也
先生問此院享祀時祝誰所作也其爲文措語何如
諸生進其祝告其人　先生曰學邃淵源可謂不成
說而山高水長只合一節人之文字矣是日向月星
老先生遺墟有詩曰吾祖幽棲地荒凉難復尋胡爲
下城日復此入山深想像採薇意分明蹈海心誰移
雲谷廟大義揭碑陰至松臺有詩曰縹緲雲臺帝座
通銀潢瀉入玉壺中但教此地留三日勝作人間百
歲翁越三日到龜院盖星院儒生皆以無馬不能陪
月城之行獨景祖有騎率故絲始陪之是日境内士

友咸集觀水樓而 黃臯先生亦出座設賓主席講
論性理諸生皆次尋字韻不可盡述而余次曰百年
夫子宅復得賢孫尋遺躅春猶淸遊花又深溫溫金
玉質眷眷繼開心小子何狂簡嘐嘐傍石陰 黃臯
先生問余曰近讀何書余起對曰讀中庸或問 先
生問曰此生將可大成就耶 黃臯先生答曰成就
在渠何可預料耶是夕又講太極圖數三處翌日北
還

壬午十月借馬章及持十日資將往懷川過謁 黃
臯丈席 先生修書于櫟泉 先生此去劉生可謂

當世之好學俾得飲河而歸云云余奉書抵櫟洞
納名即使入来叙暄凉畢余進前曰小子遠来之意
實出師事之誠懇請行執雉之禮 先生曰我本無
為師之資何敢當此禮宜以朋友處之余起對曰德
位若是截然安敢以朋友處之固請行禮 先生亦
固辭曰此禮先輩有受之者有不受之者我曾不受
此禮而況此重服在身尤不可當盛禮也情分則自
此好矣而贄禮則必不可行也余私以為不可教也
如是固辭及退門下人皆為 先生本不受此禮云
矣翌日以太極圖請學 先生曰不直道不見君宗

世居嶺南而栗牛兩先生所享事權劉二姓主之云
恐非君之先世耶且變論亦在何時耶余對曰所享
之主論至於小子之先世則果無此事而變論則在
祖父晩年後矣　先生曰不主所享之論大是幸事
回逐節講解申申而至其微妙處再三叩問而答解
不倦時適新冬秋事未畢荒年又甚故塾中諸子散
而未集有若干人而講規則朝誦日課文後更受當
次之文而各還讀所從學者勿論冠童皆然夕講則
諸生列坐　文席前以一篇書分節而誦誦畢講論
一篇要義講罷諸生揖退　先生亦望揖諸生出小

齋前又相揖而各還宿所翌日余進請曰小子遠來
歸期又迫不可與恒留諸生同其進退請恒侍左右
得遂未歸之前薰炙之願 先生曰且可從意自後
朝入暮出夕後則或夜分乃出留吾後乃還
癸未十月日借馬未得遂徒行到沃川尼山酒幕遇
雨雪宿滄洲書院時凶年之餘人心大變齋任雖存
而接待甚凉翌日乍晴遂登途到櫟洞屬數里許又
遇暴雨盡沾衣裳入謁 先生大加驚慮以為宿痾
在身而冒雨中道必多受傷甚爲關念屢云其夜退
宿所方枕之際有特燭來叩人即門生金碩士也名

愛字仁之 沙溪先生之後也揖余而坐曰俄承一
面未遂團欒故此特燭来訪欲成一塲之好話耳余
曰余寒鄉冷迹受此厚顧感愧無已至夜分乃罷其人
年少才士又多知見非孤陋者所可擬而但辭氣近
輕此則畿湖之本色也留數日講西銘及弟子職又
講朞三百註及璿璣玉衡註而玉衡之儀再三叩問
而終未得曉 先生曰此則當見其器然後乃可通
曉又論天地日月星辰等話告歸前一日 先生手
書大字十二字以贈曰吾心誠在於學天其遂吾願
手書罷顧謂諸子曰此人以身病未篤學問云故以

此書贈若至誠向學則天必感動厥疾當瘳矣告歸日又手書切問近思四字特贈曰今來所講太多高遠臨別贈言必以此矣余起謝曰所教至此敢不銘佩而但年迫四十識見如此孤陋身病尚無差期成就何可望也可謂日暮途窮者也自憐〻〻 先生曰先輩亦多四十後成就者不可以晩學自退也又以月星齋室筆眷〻不已遂拜辭而退

甲申九月傳聞 先生杖屨到棲鶴洞即趍 黃學丈席下則昌平梁碩士濟身咸安趙碩士澤振自棲霞丈席下承 教來侍已七八日矣期日已過二

生且難其留連村舍余與李景仁慎宅初慶雲若愼

集初相議偕二生往于洞比之望月菴留待 杖屨

之来臨而且為講學之計留寺翌日 先生手札来

到于二生又以三日為期使之等待勿移他所於是

同行皆安頓留待講論太極篇景仁先成五言二絶

同行皆和之而 黄皐樑泉二丈席及他同志皆追

次之及期来待于龜院晦日杖屨始臨知禮守家普

淵以堂姪陪来辛巳陪行郭生貞亦来翌朝朱溪守

李翼軫亦来咸陽守與本倅偕来本倅即還是日宿

月星 先生有詩曰云云陪行皆次之朱溪守以錢

買出 老先生舊基回吟五言二絶 先生及士友
皆次之 先生營建草堂于遺墟咸陽守以錢米助
之二日宿長水寺境内士友皆從之三日謁星院向
智異山朱溪使君從花林洞還府趙碩士前一日於
月星村告別錦山儒生李成濟李康濟二碩士亦前
期來待於黃臯門下而同時陪行者也是日與梁碩
士作伴告別於講堂本邑士友皆告別於光風樓余
獨借馬陪行宿渭城府居昌李長郭命甫亦來同舍
館而宿翌日往君子寺時則陪行人皆散去 丈席
頻從容故便得講論數處文意又以贈別梁友五言

一絕誦進 先生即次其韻手書尺簡以贈寂伯沈禪家語嶽飲難防壁隙風祈功好作密察功明日早朝 先生向雲峯同爲還家之行而余與知禮守告別復路李丈向七佛寺盡咸府衙客往其寺故借得僧峯與之同行也是夕知禮宿咸府余過道村謁盧丈而明日還家即十月初五日也

鄉射堂詠梧館記

吾友權鍉以戴令名其館曰詠梧傳言屬余以記之余時與客語初聞不覺失笑曰令之戴令者多出於爲貧故峯皆承順令意以固其寵雷同吏額以濟其

私卒至陷其今於貪污病其民於寒餓者滔滔矣斯
翁也若無是心則必不出矣若無是心而出則居職
數月未聞有匡救之策蓋有之而壟斷者未之聞耶若
有是心則心已累矣安敢以風流人豪淨盡人欲底
意思名其扁而索人記乎此正內欺心外欺友者也
使我雖有子厚筆力焉可措一辭於其間耶呵呵客
歛袵而前曰主人之言誠惑者而辭氣甚迫小欠平
和底氣像無乃傷時而幾乎忘世責人之甚而有似
癈善何者昔在東漢之末主昏臣濁貪風大振莫討
收殺之時景智愚咸知而范孟博獨有澄清天下之

志挺身出世不辭工書況今太平
聖世又值地主之賢權棊之出又何疑乎哉且其慷
慨氣節人所艷服坎軻蹇老齎志未伸今玆之出安
知無孟博登車攬轡之志乎若夫桐柳一句祗是清
絶灑落底襟懷而非聖人太和元氣之流行則世或
有脫身塵臼游心清虛者所可期待而彼本厭世溷
濁恒稱古人者又安知無堯夫梧月懷中之樂日月至
焉者耶且今之名爲者多取古人徽美之意常目慕
效者也不必言行標致盡合無間然後名之也斯人
斯稱盖取諸此安可以僭越而遂絶之耶不若副其

照

請而記之使之顧名思義晴梧齋月在〻心目渣滓渾和清明日昇酬酢萬變之際一塵不動百務倥偬之中黙累都銷以之佐令肝膽相以之臨民情志交孚風清俗美於斯可得安人之幸孰大於是〻〻〻〻乎余乃喟然三歎謝以已見之不廣并記主客之得失以成書云爾

四有軒遺事

公以丙寅九月二十六日生時伯母李氏早寡無嗣即以爲子及免懷仍収養焉七歲始學能記他生之所習及朞盡誦一部史略弱冠而學大就子集經傳

無不通曉涵古茹今浩無涯涘若詞章文字自關所陌也性精雅弘毅未嘗與人校語默有度喜怒不形終日端坐但道古今人嘉言善行樂聞人之善而不言人之過惡也行已必以孝悌爲先處生養兩家克盡其誠處昆弟極其友愛人無間言也母夫人素多心火或因事感怒公和容婉色先作嬰兒亭直戲且諫夫人輒解顔曰見汝之容聞汝之言吾心自和悅也甲申遭生母愼氏喪ㄑ葬克盡情禮與兄弟日往墓所拜謁悲哀幾至滅性已亥遭母夫人喪哀毁過度墓在數里許朝夕拜謁不以風雨寒暑少廢三年

如一日壬寅遭父喪〻葬諸節皆自當稱情伯氏家前後債物賣土盡償而少無難色繼母李氏有一子二女皆幼穉公曰母氏與弟妹躬當養之同爨十餘年庭無間言弟洪成鰥居廉室又使同居衣食之且爲末弟洪翼經營起土以資其生業及夫成人無以爲家公撤已屋以居之李氏常謂曰若兄夫婦孝友如此汝等當取法而無違也戊午遭繼母喪公方有膏肓之病日夜苦痛而時亦隆冬終冷廬過哀因成大病也公兄弟凡五人同處一堂講論經義或詠或歌相與和樂伯氏及仲氏先沒公痛悼不已枕席

徃徃有淚痕祭祀必以誠敬爲主常曰事亡如事生
是乃奉先第一義也喪變之外不以疾病撤祭置位
田墓田於諸處先塋之側伯氏殁後侄子師喆貧不
保祭田本親香火無田可奉公晩年與諸弟曰祭田
已盡此吾日夜之憂吾未死前當經紀卽賣土取息
爲置祭田又曰此土所出之穀祭祀外長餘財買土
以供伯氏之香火未及成就而殁孼弟及族人數破
産業公輙復賑給之諸侄之幼者朝夕必招以食之
或未及來者將撤必除置餘饌待來以食之撫恤視
同已子又置宗稧以奉遠代墓祀長其餘穀以救荒

年宗族之貧乏者常戒子弟曰事父母當以孝誠爲
本處宗族當以敦睦爲急奉先必誠敬待人必忠信
又曰五倫是吾人日用之常固不可以須臾離也仍
作詩叙五目付壁使子弟常目焉又曰官政得失及
人之長短尤不宜議論 伏波所謂聞人過失如聞
父母名者是汝曹律身之符也又曰吾於遠近賓友
之來者知與不知隨家豐儉以待之而猶恐失之汝
曹宜體念也公明於經述又兼詞章以親命少事擧
業及永感後乃曰貴賤命也功名不可以求即癈科
留心學問窮經傳析義理又喜奬進請學諸生隨其

才量而教之及有末疾沉痼之中經史諸篇猶誦而
傳之樂與士友講磨之鄉隣無不觀感而矜式焉又
精於詩律逍遥山水吟風弄月扁其堂曰四有作詩
以付之遠近文士之次其韻者亦衆矣公娶東萊鄭
氏忠義諱榮之女靖節公諱矩之十一代孫東平君
襄平公 諱橦之九代孫 贈嘉善大夫戶
曹叅判諱周晃之孫也有婦德事舅姑待宗族各盡
其道終始不衰幽閒慈良言不出外家庭常和睦焉
公感傷哀慽沉年呻吟癸未二月二十五日卒于正
寢壽七十八遠近聞者咸以士林盛衰之運爲慟焉

是年四月十日葬于西上富田洞丁坐之原夫人先公歿戊寅十二月初五日也壽七十四翌年正月十七日葬于黃谷嚴田洞先塋下戌坐之原公之子師欽請余記其遺事余自少從學於公見聞者雅矣謹次顚末如右以備狀行者採擇焉

崇禎紀元後三甲申暮春下浣[illegible][illegible]謹識

祭四有文

維歲次癸未四月初十日丁酉乃丹陽禹先生大歸之日也前二日乙未謹以菲薄敬奠于靈筵之下而哭曰嗚呼公之禀質旣兼剛柔受氣且得粹明德性

問訊
衎衎

則孝友敦睦而克述家風才藝則博涉經史而折衷
徵奧世方期待其大有爲而公所抱負者亦甚重矣
自感風樹不屑詞章婆娑丘林謝絶浮華軒名四有
生涯自足詩成八詠幽事可悅引接賓友言笑平淡
吟美江山韻語清切庭蘭馥馥香聞千里棣萼韡韡
湛洽一堂朝暮顧可諸孫之詵詵日月括磨經士之
問難。廊廟之志願縱云未遂江海之趣味此外無
加無彊此休永擬百歲疾病乘之醫窮技殫泯泯十
載遂有今日凄凉講席生徒靡向寂寞巖泉杖屨無
痕江山失主士林安仰合散有時窮通有命脩短得

失無足加損於公也而第念哭私之情最所痛廹者
蟦誨經席道義之師生恩童鳫飛東床姻婚之弟兄
情深拜床日久則公又患然源源相隨勉勉德業春
川花柳秋堂夜月即事即物我歌公詩賡賡疊疊相
期日深及公季年命有斯疾頃人轉側七八年來三
孫繼夭具爾達喪每在承候辭意悽悽然而精神未
耗句語猶壯自念疾病之來雖不能免而添筭之壽
天必報之往在易簀之月余有挩人之行過候床下
氣息奄奄猶以爲公病既久苦歇無常遑不爲慮遽
爾作行滯雨三日我行未復中途承訃甫匐蒼黃痛

哭中堂我淚如泉幽明此恨死有餘憾儀形永閟謦咳猶聞憔悴儒林氣數方衰冷落溪山雲鶴誰主嗟〻我懷曷有其極一奠來哭千古永訣尚饗

祭族叔 以中文

維歲次戊戌月日九寸侄其風疾彌留以手足之痿痺不能趍造於几筵以心思之昏亂不能敘述於狀誄只恐殘骸衰喘未及一奠遽爾歸土泉下相逢之理又不可必者則自初終而至葬日而至於常事豈是仍因疾病未能走於治棺司貨之職執紼穿壙之期呻吟枕席痛泣遠望之情終無自陳之地自觧

之日也故謹遣子璉以隻鷄單豆姑此告由若夫我
叔平生氣節之清高言議之灑落孝友之老而彌篤
與夫叔之期待於侄者侄之依仰於叔不可以奄亡
中筆力記其萬一如曰泉下相逢之理儻然則說盡
懷緒時日幾何不必多談嗚呼尚饗

祭櫟泉 先生文

吾道東來輩出群賢金聲退栗玉振尤春粲然備具
凱正因缺惟時 先生繼祖有作從容就道若無修爲
奔走來學得所依歸珠藏澤媚宿德升聞十下 召
命三登講筵春秋之義王道之要禎祥之辨誠敬之

妙凡所經國莫不畢陳酬酢如響邦命將新一言忤
志三載田里方其進也治期都俞及其退也人艶先筆
天心庶幾一疾難醫殉道歸全誰云非天窮通有命
出處閑運干　先生何敢不尤怨最哀小子孤陋偏
鄉瞻仰山斗只勞夢想處幸有擇地接首陽　先生
孝思遠訪遺墟星院春日始摳我衣望之儼然起敬
臥惰即之有溫氣習消磨依仰得所成就自期蔕
家貧又為親老遠難從事自難遂佗月谷經始杖屨
三臨　櫟泉緇帷三負我笈八載之間親炙幾日太
極原本庸學功次開眎蘊奧昭晰無遺頑質無狀心

不契悟期死鑽仰蔑見冨美天不憖遺邈至今日爲
天下慟未遑後恤哭私之情嗟何有及長程間関物
不稱情、不在物蔑歎哉鶴

祭黃皐先生文

維
崇禎三己丑三月初一日甲申朔乃 黃皐先生大歸
日也門下生居昌劉彦一以前月二十五日赴會于
櫟泉先生伸究疏聽未及會下越八日壬辰始歸路中
謹具鷄果再拜哭奠于 靈筵之下而操文以告曰
伏惟 先生天資純粹山岳精英水月襟懷立志爲

落處物先明拔萃離倫千仞鳳翔含光混世大澤龍
莊世方昏衢明星始出人行迷塗指南先服百年家
食雖未大行千里聞風士趍歸正寒泉當日一登鱣
堂櫟翁年來三過衡門志同道合蘭臭芝薰談心論
性宮奏高宣鄒魯南鄉廢幾一變天喪斯文 先生
至斯泰山之頹梁木之摧吾將安仰吾將安放憶嘗
摳衣窺得宮墻心常馳往洙泗其濱農山列侍沂水
童冠若將朝暮廢或相遇情有眷戀洛汝武夷前川
花柳九曲櫂歌幾日相訪何處共和陽晨千古宛然
一堂文心兩絶勉我琢童不肖無狀徒然書紳三郎

出宰百里仁山爲哺微情俯從黽勉小子遠將大也
江村時有所愼謂余小愈小子願從　先生曰毋奉
命言旋一心遑惘別緖浹旬晨歡忽傳蒼黃星夜終
禮已畢一木歸程腸摧心析詩成六痛只寓慘怛衰
期斯月伯兼又卒吾道不幸噫其命也懷川究積洪
水猛獸門有子約沫血封疏亦嘗師事義可同聲終
天此日我有西行狼狽歸來卒哭三日沒不飮含襲
未執紼悠悠此恨九死何泯時維暮春雨露旣潤巖
花似錦芳草如茵望望高閣下車何時悲深觸物感
極追思天王壯遊更陪無緣龜院講席難復坐春悵

々前路卒業何期伏哭　筵前孰知我哀不昧者存
庶歆我盃

祭臧兄愼齋士德明文

同門人娍林劉彦一貧不能治奠具時未得操文叙
情　今則恐無泄哀之地故乃於前一日祭未謹以
菲薄敬奠于　靈筵之下而痛哭曰天欲喪斯文理
不勝斯氣以　先生大德而沒於林下以我公至孝
而不幸於　先生襄禮之前時數之厄天報之嗇胡
至此罔極公少有痼疾長而家貧周旋劇力靡不周
極而凡所奉養猶未稱於欲盡分之心故每於從容

告余以不能負米躬耕仰不足以答所生等語而勤
懇惻悃至誠藹然辭氣之間令人感泣此　之所
以心悅誠服於公之孝也常於列侍講論義理之精
微難究處禮說之聚訟難一處則公折衷昭晰旁通
無礙　先生曰此見病殘未嘗見其讀禮研經而言
則粥飲之節擗踊之數一向過禮長程風雪觸冒暑
絶每致寬抑輒曰無傷人孰不稱異哉而私心則以
爲誠孝感神明効力吾無憂矣殯既後寢息毁倍切
積傷之餘居廬乘之裏毁之身其不可支也嗚呼必
矣天終不慭詰之何意墜緒茫茫孰傳斯學生徒之
貿

誰任其責哭私餘懷欲訴何限辭不達意不敢傷煩物不稱情只增傷感一盃長叮撫往懷來嗚呼哀哉尚饗 有中此某之所以心悅誠服於公之至也及夫仁山之哭則公年已過不暇而

祭持平愼公認明文

昔我 先生道全德備歎息斯文共修無與循循化理猥承提耳不自度力敢言請事梁摧以後夙夜憂惧貧病外鑠昏弱內主自分已矣秖有所恃伯氏明智仲氏簡重令季隱勇志切篤工惟此三德何所不成林居探化章修緒業講論前聖佑啓後學 先生學業廣無墜落吾兄濶步已登青雲龍攀鳳附竟君

哀

舜民環東八域丕變一治　先生經綸亦可施試惟時病殘敢後同學揄揚拔揮至死竭力三者備盡無或差忒　先生之德已崇益崇　先生之業已廣益廣父師隆恩庶不相負天乎命耶云何不吊伯氏之喪遄爾講吾兒之病忽於承　召封章千里未達天聰謀國丹衷知惟天翁生民無祿世道方阢醫窮技殫遂有今日吾病日甚朝不謀夕百慮烟消萬事雲空云何吁矣理固然〻行廢有命脩短有數此則何論公實無憂直道居官良吏有筆至善律已賢穷可録群哀克肖餘慶有期生順死安獨也千古昏衢

食飮

長夜明星已晦橫奔顛波撑柱其誰最所不任哭吾其私四三年間別懷山積始聞兄病已爲心絶方謀猝疾顛言一訣月谷之講得信賢季食飮滯痞頓下星院之會群咸報吉動靜近日大得藥力意謂斯兄體本康寧偶然一疾必歸元安私心欣忭自不爲懷返棲未幾訃音忽至呻吟之中哭亦未痛笑之未痛匍匐奚望徑葬之間又聞就窆奄奄氣息難謀臨穴病不奔救奚來會下雖云有疾敢言無罪 靈筵一哭未死是究獨健若此病弱奚恃一朝奄忽未泄此懷積債人間又有私痛故茲替告庶歆我觴

祭老山愼公道明文

維歲次甲寅三月戊子朔十四日辛丑戚弟居昌某病未匍匐謹遣子瑚以單豆隻觴代哭于戚兄老山愼處士之柩前曰公之享年八旬有餘二子克家諸孫出類趨庭所學老而彌篤父母之生天地之畀全而歸之生順死安公歸何安募哭私之情先師四子公惟獨存年尊德邵一向康寧先師宮墻之內揖堂之業奉而周旋靜而鎭之安知泰山今焉已矣嗚呼哀哉尚饗

祭老溪愼友義明文

維年庚戌八月己酉朔十七日乙丑乃老溪愼公大歸之日也前一日甲子情友居昌綦病未會下敬遣予糊治具採文笑奠于靈座前曰嗚呼痛哉吾兄即吾先師克家子也先師在世吾道南州日星皎皎先師去後吾道南州賴兄而不墜天網不憖兄又棄世吾道南州長夜而已顧此病殘向上前路不啻千里萬里而冥道失相無望前進不死何竢哭私之情非此一端而胷塡臆塞筆不得下嗚呼慟哉尚饗

祭月洞李友聖復文

嗚呼命耶子何至斯〻文厄矣誰與共修乂或以我
謂子之友此則何敢子宗我師以較乎言子簡我文
以質于行子篤我踈尋師求道我雖先子一變至道
孰云子後然有同者一箇心字每有討論如宣宮羽
氣味相似可謂云爾中年契合一倍同師春滿校黌
言志翩聮秋深月谷陪杖後先優遊厭飫若見所立
相期益深見勵彌篤一夕樑擢並失依歸相扶共將
路遠力微子猶剛果隱然無敵主静立德從容致格
世方倚重我有強輔雖失山仰猶望驥附何斯違斯
天乎究哉窮居無聊車馬絕喧子獨何心時從源〻

山齋雪月十日聯床童冠幾何以典以經子唱我訓
若心若性會話之樂百年一日出廬喘息眞頓無惜
每賜俯慰必戒傷生申勤惻怛於戲可忘卒業前期
非子無望天割右臂無處下手知仲之貧子外無復
知牙之音余亦不辭妙墨工詩人或有見蘊玉藏珠
世或難闡發輝者誰是用悲夫　君今春訣子其時
半日從容寓老新庄翌日泥濘再訪子所子時未還
我馬催啟未得跟尋九死餘恨孰謂此别而隔千古
窮通是命不預我事殀壽亦天君悲嘉惠後學從此
寥寥後死者痛不敢自已靈輀方駕明當永窆全歸

旣得子無可恨萱春將暮子所難暝擗不違意只增傷情不昧如存庶歆我觴

祭柳友仁老宅壽文

子曰積善之家必有餘慶此聖人之言而天理之常也每升公之堂見棣蕚韡韡庭蘭馥馥自喜斯人也宜有如是之慶也期待益遠望幸愈切夫何近歲以來禍倚於福殃生於善二郎以絶倫之才藝先公而殀公又未得中壽而逝二郎之霜娟與繼子奄忽於公喪之未終此何理也此何命也嗚呼噫嘻此前賢所謂氣之不齊而理不得常歟云何吁矣蒼所笑吾

之私者自別於凡儕之痛者並世而同庚虙鄉而居近幸蒙不遐奉接源源凡所依恃不啻山重今焉已矣天割右臂一奠之哭遲遲今日回顧平素負愧良多公病在床余累往視喉病難語語則還淚握手懇懃公欲何言含凄茹恨若不忍捨戀戀此情九死何泯

答李武山 鳳興書

來書有曰性生於心乎心生於性乎蓋性之得名自理墮在氣中而具於心者也若曰性何從出來謂性自心圈中出來則可謂心能造作性生出則不可若曰心何從出來謂心非

性則無所發則可謂性能造作心生出則不可大抵性即理也心即氣也自天地未判之前則太極生陰陽權輿之時理爲先也自天地既判之後則太極在陰陽中流行之際氣似先也故朱子曰氣以成形理亦賦焉石潭所謂氣發理乘一道而已者正謂此耳執事恐於此有未透耶然未有性發而心不發者亦未有心發而性不發者一而二二而一者也且性先心先之說已爲先儒之駁正則不必分先後輕重而但語其分則如此耳來喻有曰主於身者爲先乎受於天者爲先乎盖人受天地之理以爲性受天地之氣以爲心則主於身者非出於天乎受於天者非存於身乎至夫無不有者爲先乎或有或無者爲先乎之說則尤

不足爲心性先後之證佐不必多辨若其房人爐火之譬則世之談性者多陷於空虛渺茫之地故只爲知心之有性必若爐中之有火房中之有人然後可以着實做工夫而認得乎房無人爐無火則但爲虛器也云爾豈料以此爲起疑之端乎執事以心之具性比器之盛物爲取比之詳而又引鄒郭之說則鄒郭非房爐乎房爐不爲器乎何獨信於此而疑於彼乎大凡取比之說貴其活看不可泥看也且曰言其體則性不爲主乎云者只以體爲主而言此有不然性者心之體也情者心之用也而性爲在營之卒情爲出營之卒而心爲上將軍將爲主乎卒爲主乎君民之說亦然厥初生民而無君長之時則生民而已既爲君長則民

豈得爲重乎且有民無君亦何時代也大凡心能檢性性不能
檢心心存則性自存耳故孔子曰操則存舍則亡孟子曰存其心
養其性大學曰誠意正心中庸曰戒慎謹獨程子曰治心如捕
龍縛虎朱子曰爲學莫先於致知從古聖賢豈不知性之爲貴
耶只以心存則性自存故每心上加克治之功而性本善有何修治乎大
抵鄙意以治心爲急先務而執事慮其歇後於性上而致有不務
本之病故有此示也則亦相愛之至意敢不服膺此餘恐蔓紙上
之葛藤層生胸中之草木故姑俟他日面陳之畢辭耳
觀書之法不以文害辭不以辭害意而以意逆志而已聽言
之道不論其或異或同或難或合而只觀主意所在如何而已

若主性而言則性爲先爲重若主心而言則心爲先爲重當

時論說初不及先後輕重所.如此故依.論呈一覽後

付丙而仍掛他眼以重僭忘之罪甚善

萬 萬

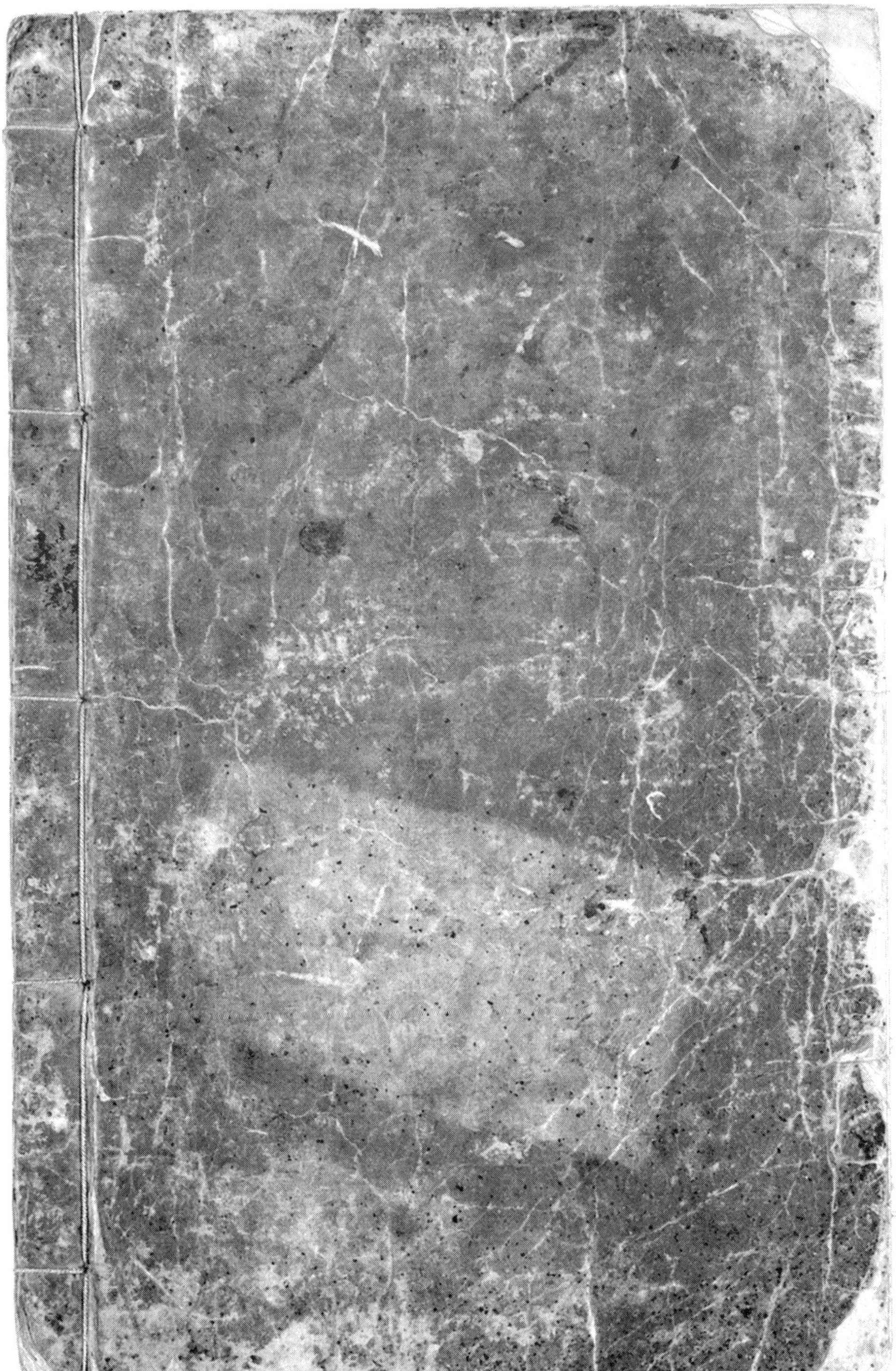

鹿峯先生遺事實錄

奎章閣圖書
部別
分類記號
圖書番號 12026
一部册數 1
內別番號
서울大學校

居昌劉氏世系

一世諱堅規 高麗朝奉翊大夫都僉議贊成事致仕居陁君

二世諱椿茂 文林郎追封尚衣院直長

三世諱成 檢校司巡衛將軍行司別將

四世諱贊 司醞令同正追封匡靖大夫密直司事 配白川劉氏正朝戶長伯英女

五世諱昇 匡靖大夫密直司事兼判曲理司事上護軍致仕 配朴氏書藝令同正良守女

六世諱海 奉順大夫判內府寺事兼進賢館大提學 配崔氏匡靖大夫版圖判書允安女 男長洽 次淞

七世諱洽 通訓大夫行金溝縣令 配俞氏郎將臣伯女

八世諱懽 文科通訓大夫行司憲府監察 麗亡不仕 入于臧陰張鶴洞九井村作永思亭自號

灣溪述銘與詩揭楣終身不出與達巖李
先生同一心節故後邑儒並享于金溪鄕
祠配淑人江陽李氏嘉靖大夫兵曹參判
元達女敞閫判書爲孫壻金氏麗二參判
與夫人金氏共自絶于猿山下巖上後人
謂其石曰金達巖

九世諱覃 通訓大夫行司憲府監察行龍宮縣監配星山李氏行雲峯縣監孤隱先生智活女

十世諱恒 通訓大夫行典牲署令配淑人綾城具氏郡守仁恭之女

十一世諱貴孫 字有慶副護軍配令人完山李氏長平副正訢女讓寧大君禔孫

太宗大王曾孫

太祖大王玄孫 男長瑗次瓘

十二世諱瓘 字瓘之將仕郎箕子殿參奉配漢陽趙氏郡守永孫女永孫即右議政漢平府院君趙涓四世孫

定宗大王外曾孫 男長友閔次友顔次友參

十三世諱友參 字曾叔行宣務郎義禁府都事
配星山李氏主簿連孫女男長
德盖次功益次名盖丁酉倭亂
死節黄石城中享黄巖祠宇

十四世諱德盖 字施普隆慶丁卯進士萬曆癸酉及
第仕止正字配八溪鄭氏溪女男長
誠甲次敬甲進士
次弘甲

十五世諱敬甲 字一初隆慶壬子進士 贈通訓大
夫掌樂院正配 贈淑人一善金氏
成遠女樂水慎先生權外孫石泉林
先生得蕃外〻孫男長希道次衛道

十六世諱衛道 字勉之 贈通政大夫刑曹參議配
贈淑夫人東萊鄭氏嘉善大夫喜男
女男長潤漢次
潤廷次潤澤

十七世諱潤漢 字伯應 贈嘉善大夫刑曹參判兼
五衛都摠府副摠管配 贈貞夫人
高靈朴氏文炳女
男長以平次以亮

十八世諱以亮

字亮甫老戢嘉義大夫同知中樞府事追贈三世配貞夫人泰山許氏國敏女男長彥一次彥德次彥仁

十九世諱彥一

字子精號鹿峯生乙巳十二月二十九日巳時卒丁巳二月初五日酉時享年七十三配丹陽禹氏瀔女蘭谷錫一孫男長瑚次璉出繼彥仁

鹿峯先生[illegible]

鹿峯先生遺事實錄

英廟二年十二月二十九日巳時先生〻于花林安義別號尋真洞蓮村舊第正寢寔崇禎三乙巳也

禀賦粹美而氣像偉異言辭正直其在髫齡與群兒戲嬉群兒常推以爲長

一日率群兒入花圃中摘花分與諸兒而未及出圃外爲母夫人所覺母夫人以杖追之公勸群兒出圃走匿宛然獨立圃畔母夫人怪問曰汝何獨不爲避匿而偃蹇乃爾公對曰予亦逃匿之遠則必有母氏

搜訪之憂且入圃舉措吾自擅便豈使諸兒等同被
母氏之責耶母夫人笑拊背嘆其良能愛親之心而
奇其無隱之志
七歲授學于伯父伯父公嘗曰解蒙若汝之易則早
年文章不難事已
十餘歲時聞大明為胡虜所滅嘗憤怠忘食與儕流
語曰大丈夫當滅胡復大明予將讀書得意寧十萬
兵掃清中原而迎明帝於南京歸報萬東祠若輩當
見之矣
自是以後遂勤讀為業夙夜靡懈滯為病父兄為之

歎惜曰病是篤工之過也

當時豪傑年少士一見公則自然敬待起慕悅之心而願為之交門外又多長者車轍家雖貧母夫人極力於供客之備以贍應待之禮其出接讀書之資赴擧之具皆出母夫人勸學之誠款蓋學問造詣之夙成是母夫人之畀輔焉

夫人禹氏以懿德見稱於鄉黨州閭奉夫子刑家之義助成內治之美主中饋之職其定省之禮甘旨之備請自任代行以勤以誠勸夫子專力於學問使之追隨大人君子

弱冠質學於黃皐愼先生之門庸學二書沒註管領義經上下全秩成誦其於心性理氣原頭沉潛硏究毫分縷析得正學蹊逕

餘力之學問有制述之工屬文必以理勝爲主赴擧只鄕解二式而多見士習之頹敗卽曰窮非士子所遊之處也曰廢擧專用力於心學

時黃皐門徒及親子弟多以學問有名而咸服公經義之精明

丙子遭內艱先是母夫人病革公危惶罔措夜則沐髮祈天代命嘗糞甘苦問醫求藥百般救療末乃裂

指而竟至不諱隣里皆言老天無感云云
送終之禮一遵朱文公家禮三日不懈三月不惰衰
毁守制廬墓三年
一日野火燃幾及墓所公以袂濕水以防火頭號天
痛哭須臾風返火滅人咸異之
祭先之道稱家有無而敬爲之主祭需則恒品外力
備生時所嗜以助祭饌
奴有願贖者公即許曰是亦人子豈可世爲人僕役
乎以白文放良焉
丙戌構小齋于智雨山鹿峯是內艱廬墓之所也黃

孝壽職嘉義有
追贈三代

皐翁題其額曰鹿峯小廬曰爲之記蓋取晦庵白鹿
洞之義也
家甚貧不無累空之時其於瀡滫之供雖鄙賤之事
身親爲之體無全衣親極滋味
不時之需不虞之藥餌自所日用間不怠之事孝嘉
義公或有不安之漸隨症隨攝下藥輒效是故嘉義
公一無痛數日之委頓嘉義公嘗曰雖良醫豈過於是
也耶
一夕牛逸齕人田苗田主見之曰勿打勿逐此是孝
子家牛使人牽還

賣鹽人尋到公家進數升鹽曰聞公之孝服公之廉久矣見鹽必買乃知親饌之不絶服公之孝也買鹽之際不較多小服公之廉也故敢獻此少許要供一夕之饌願公勿慮其價不顧而去公使人隨給其價焉

有時味無價難求者則遠近親知與隣里或力所及者則穀以換之錢以貿之專人送來

門徒輩時有酒食之饋公爲請嘉義公素所親愛者同席團欒有餘則羃冪置架上烹煖復進雖大無之年親無餒乏之氣

農課定有規模鷄豚之畜蚕養之節専力有以也嘉義公享年九十先生雖在衣帛食肉之年点肉寸帛不歸於已常與子瑚設網前川備膾烹間適口别饌且徽蕨如曾氏之羊棗者當早春菜蕨之未及爛熳携筐上山力取軟美之味以具先意之供凡諸炊飯外烹飪等事列曷親執焉

春夏日長之時嘉義公或寥寂無聊之日則公便要奕者以作終夕之樂其人辭以事促歸則公雇人代其役

餘力之學老益不倦門徒日進更不辭童蒙輩請教

書院在本邑五里許 草堂同春先生遺墟在本邑三十里許

者爲親之故也要使小兒輩作戲嬉以爲親側之悅
爲
鄉隣丈老相稱曰孝哉劉子精庭無間言古之君子
之孝今於是見之矣
辛巳春櫟泉宋先生來謁同春堂書院因遊山尋真
洞抵月城草堂路過鹿峯書堂櫟翁聞公出人孝爲
己學見甚敬愛公請曰小子有志於學而素多病親
老家貧未能有方遊何如得入頭上達之效耶先生
手書吾心誠在於學天其遂吾願乎十二字與之又
書切問近思四字加勉爲

翌年進櫟泉請執贄櫟翁曰有朋遠方来者悅予極
矣何復彊爲之贄哉
講中庸夕又問太極圖微妙處櫟翁曰性與天道孔
門惟一二賢得聞令見君造詣深遠高明甚嘉已
日與生徒講明經義孜孜不懈其於太極圖通書心
經近思録等書尤所用力者潛心玩味間有一分疑
會處則表以筆之於書質之於師友既得之後孜孜
溆溆多有温古知新之效
數畝方塘梧月楊風自適嘯詠之料定者餘講學之
暇逍遥焉徜徉焉取天真自然之樂

每語門生曰幼而學之長欲行之凡且徒能讀者雖
至萬卷有何用之哉當心得躬行然後達可有施窮
可有守勉哉勉哉
呼門生一人語曰璣衡等事帝舜七政之槩也有志
士不可不知者是爲學問中一事曰講辨朞三百註
觧析竹作璣衡範圍以示之論三代井田法證觧張
橫渠制度
明窓棐几儼然端坐有尊嚴莫犯這氣像一夕嘘戲
歎息曰可笑事爾左右莫知其意問曰先生何爲嘆
息曰二三子坐吾語汝可笑者是吾童蒙時事也曩

在童蒙初學時妄擬恢復皇朝堯舜君民爲己任中年且又非不覺其心之迂遠難得九世之復千載之下復無齊襄思漢之民非四七之際則亦復奈何忍痛含冤迫不得已這箇義理旣是朱子尤翁之訓則爲士者當以此八字存諸胸中以待夫出場之如何又豈若木食澗飮存存惺惺老斯終斯好歸泉下也耶小子

退溪聖學十圖與栗谷心性情一啚付作屛幛以備觀省東西壁又書先儒切要語以爲治心修己之箴方

嘗曰學之爲言效也效古聖賢之心法寧學全體而未成不可做一藝而小成學者當以格致誠正爲入德之門戒懼謹獨爲修道之基日用萬事莫不從這裏做出来

鄕士道儒以公之孝行才德鄕薦焉呈營門者狀軸積成門人之記述實録各成冊子公晩來聞之不悅曰如此事豈爲知舊相愛責善之誼乎並收來付丙焉

恒以事親不足處著日記〻過文字以無懲毖一事顧諟自警焉

癸巳秋遭外艱執喪之禮一依前喪
四世墳山各在遠地祭田墓畓是先志之未遑故極
力周旋立若干位土置守塚家
每於貞夫人忌月終一月設粥尤加悲慟人問其故
曰凶變是丙子大無之歲親供亦不免朝飯夕粥當
是月食不忍下咽終身追感自然有倍於他月故也
已
門徒有熏炙者竊識視之云舜之五十而慕鄒夫子
稱之今吾先生則七十當謂終身之慕已
平生不食雜豚家畜之宰而當孳尾卵孕之時必防

易其年前同産之雄者牝者不使其混亂焉
人物分性論亦一斯文大是非也 公曰此論雖窮天
地亘萬古難以歸一假如剖禽獸草木之心未見其
有所謂仁義禮智之德也亦未見其無所謂仁義禮
智之德也雖月使之爭日使之下都無益其曰於物
有無益於吾人之學於物無〻損於吾人之道也抑
若立論於其間舍先輩何以哉傳曰天以陰陽五行
化生萬物氣以成形理亦賦焉又曰人物之生因各
得其所賦之理以爲健順五常之德又曰禽獸僅通
一路草木全塞不通又曰天下無性外之物由此觀

之人物同賦五行之理而物獨不有五常之德乎草木所以全塞不通者非指五常之德而言也指其氣塞而言也禽獸之所以僅通一路者非指其五常之德而言也指其氣偏而言也草木之全塞不通姑舍而禽獸之中或仁或義或禮或智而各具一德者非止一二則可見其全德之具於內而梏拘於形質之偏塞永蔽於氣血之冥頑而頓失虛靈之全體曰無變化之心念也然則若曰人與物之性賦一理而由氣之偏性亦隨而偏云爾則可曰凡物形殼之中元不賦是理而元無是德云爾則吾未之知也大抵天

則

之所與一太極也同人物之所受萬殊也異同者理也異者氣也而氣之成質也若無言理與氣則二而一者也各言氣與理則一而二者也同云者主理之本然異云者據質之已然此所謂同而異異而同者何必於人物之性分言之爲哉

至若明德有分數尤不足多卞也先儒之說曰心本善也孟子之說曰性善又曰乃若其情則善也若指明德而語曰心統性情云云心性情同是本善抑何有分數之一定於人人耶若曰聖人有聖人之明德賢人有賢人之明德衆人有衆人之明德而人稟之生

雖千萬不齊各有一定之分數云爾則大學始教抑
何有統體言之曰明明德乎有曰惟聖罔念作狂所
謂念之者與明明德上明字同義也賢人只明賢人
之明德而聖不可希乎衆人只明衆人之明德而賢
不可希乎純善者性不齊者氣分數之說於氣則當
而於明德則不可心者氣也性者理也而發之者氣
所以發者理性發之初發之者則乃本然之清氣也
藹然四端初無聖凡之殊豈有分數之可言歟惟聖
性者有本然之理氣無氣質之可言但大賢以下則
不能無氣質之拘或不免原於仁義禮智而反害仁

義禮智之弊者也所謂意者緣情計較審其善惡之幾而便能誠其意則背惡向善至其變化氣質也觀乎四端之發不知其爲本然理氣之所發而徒知爲無善惡之氣之發則分毀之說無或怪也而未發之前云有氣質之性者亦不成說話爾不得已作別紙以辨之

畧曰朱子云自戒懼而約之以至於至靜之中無所偏倚而其守不失則極其中而天地位矣由是觀之若無戒懼之工不能成未發之中矣所謂未發之時即天理藹然人欲淨盡之時也又曰聖人氣質純粹

心無思慮故未接物之時皆成未發之中衆人不然未接物之時不昏昧則必擾攘遇事則顛倒錯亂皆氣質之所使而性不離乎其中故有氣質之性之名張子之所不得已也然則氣質之性云者指聖人立名乎指衆人立名乎若使天下之人皆是聖人則氣質之性初不立名也必矣衆人雖有氣質之性而思有以變化之心者不能無戒愼恐懼之工介然之間方寸之中濁氣退聽天理復位則能成未發其未發之時則同得天地之性大本之中與聖人無異如此則更可謂氣質之性乎又曰在中未乘氣者是純善

之性也稟氣而發不爲氣所揜者亦純善之性也稟
氣而發爲氣所揜者是所謂氣質之性也
嘗曰我東論議之後痼成士類之弊惜哉學問之道
孝悌而已義理而已今師異道人異論各以先入之
學終不知愛而知其惡〻而知其美甚至以領袖之
稱加於當世之君子安有爲君子而甘爲黨論之領
袖乎朱夫子詩曰所用是人行是學不知何日可昇
平詩哉時哉
病中撰自狀命子瑚書之畧曰顧予平生行無可言
十歲有恢復大明之志讀書過中滯勞爲病二十黙

會時勢大覺北伐之無便專心聖學不若廢居之為愈云云又曰欲順乎親質禀所拘求仁未得只有靡逮終身之悔而已欲和於兄弟而更不得式好之至云云又曰至老讀書為善未果希賢未及云云又曰過去已矣幸假我數年則庶幾萬一云云

黃皐愼先生之喪出仁山子衙奔哭返柩隨輦心喪朞年

櫟泉宋先生之喪心制五月每於二先生忌日行素為位而哭雖兒時句讀之師元夕必省墓如月洞李君聖復老圃老濟愼君認明義明玉濟崔君南斗皆

正

道義之交有躬徃之唁加麻三月
廟求言應製䟽畧曰虹貫兵動之象而無花胡風之
所驚此必胡運方訖皇天示象有以誘激 聖衷使
徹臣得展平日之所蘊以成亡胡之氣數云云又曰
春秋大義無所逃於天地者而 國家皮幣珠玉之
耻幾年于玆 列聖薪膽之忠(衷)志士風泉之感愈徃
愈篤我東之不變衣冠兆足爲不食之碩果大報壇
萬東祠不啻三户之楚謠則北定中原斷自亳又曰
夬揮乾斷選將練兵亟竪北征之義旗以荅天變則
天下萬世之幸甚云云

趙明府光遠朴明府趾源知縣閔梅竹軒西扃有忘
貴之交而以益友之義待公〻亦知無所隱忠告善
導於治化之效有及焉朴趙二倅恒曰吾於京鄉見
士多矣未有如劉某云〻

龍城金君壽民斯文畔傑之士也一見相許深爲道
義之交問四七理氣之卞曰退溪栗谷各有主論從
何乃得公曰當主栗谷議

問无極而太極者何謂也答曰雖無其形而有其理
也曰此從朱子說也或以爲上極字與下極字〻同
而意異此言何如答曰是必見晦翁無形說來也本

文旣曰太極本无極則兩極字豈可差殊沓乎曰雖然朱夫子云只言无極而不言太極則淪於空寂只言太極而不言无極則有同一物然則是无極本太極而不能無些分別亦不可混淪說來答曰善哉：：

問曰思傳所謂上天之載無聲無臭者便是無極也曰載字是事而有至理存焉與太字義同乎答曰然爾

素多病平明巾櫛謁家廟後進門徒開講論辨老益不懈其墳山瞻望之省非大漸委席則強不使子侄代行焉

丁巳二月朔搆疾越五日臨啓而神氣晏如門生子侄輩侍左右顧數人執手而語曰徒爾爲我小子心屬火易失於燥以正爲本不爲誤用正者心之壽也戒之哉小子

顧子瑚曰常時所着巾服稱於心稱於身者其襲斂無用新備棺槨完而無奢侈而屬纊至幘帽一團和氣粹然浮在面上如居閒寢睡時

喪之翌日洒釋菜大享朝也齋儒爲掇小飲福一鄉山野之人奔走流涕相告曰劉處士沒矣至場市上商賈輩嗟惜不已

葛川姓林氏名薰

石谷姓成氏名彭年

黃皐姓愼氏名守彝

門徒持制者七十自心表三年至加麻五月越三月襄于鹿峴酉坐之原己未掇几筵設酌獻禮于鹿峯書齋門生輩會議曰吾先生道德豈此爵獻而止哉吾鄉本先賢輩出之地其俎豆之享葛川石谷後有黃皐黃皐之後則吾先生而已各出財力定爵獻規模立別補祠

謹按先生諱彥一字子精　英廟二年乙巳生　正廟二十一年丁巳卒享年七十三嗚呼先生生有異質雖在髫齡與羣兒戲嬉頗有範圍

膽畧丈老有奇待爲自初學好讀書通文意成
童小學業就正學文光觀志之美不強以屬文
之勸也學問夙成造詣高明黃皐授受是陶翁
淵源櫟泉道學即春翁家庭先生交遊而先生
之門立身始於孝和兄弟睦親戚學不厭教不
倦化成隣里門徒至集言行實蹟鄉士道儒之
褒善呈文積成卷軸講學論辨門人手径之記
述自有旨蘊一自先生之歿而付丙孝行才德累次鄉薦
報及當門道狀褒善又不止於四五至營關之
申牒本邑行錄催報詩及本家先生聞而不豫
曰此是好。皆是徒人貽羞之致也平生病廢者爲
有行錄所錄只一病錄而已非送邑吏仍蒐親
事

知人呈褒文狀及門人子侄輩記述言行錄并投火中責曰如此煩劇切非師友間相愛之道若復爲如許擧措雖鑿地千仞相對無日徒增愧赧而已所存則唫咏理氣論若干而已可考則門人輩遂錄不過數編故文集止成二卷所乎惜哉已未酌獻後取予[illegible]記聞考門人遂錄修遺事實錄如右

鹿峯書堂碑文

古有白鹿洞書堂唐山人李渤之所建也至宋咸平中增修其屋郭公祥正刻諸石記之甚悉矣後朱夫子因石刻得頹址復其舊而新之石之有關於堂大矣至今傳之為美事至吾東亦有一白鹿故鹿峯先生劉公之塾是已地之相去萬有餘里歲之相後千有餘年一何名實之相符也公歿之後門生等慕其德欽其義以二八月酌獻一依滄洲故事歲以為常嗣子瑚亦世其家學詩禮不廢歲乙亥因堂之火增其制而稍廣之堂既成為不朽圖礱立貞珉以吾有世

好且久公勲請記其顛末余以非其人辭辭不獲乃言曰公乃吾王考黃皐先生高弟也自幼聰悟絶人孝友出天讀書史不數遍輒成誦且曉大義十餘歲聞長老說 皇明敗衂清虜僭號等事奮然有慷慨志人多驚異之至於懷橘之誠讓棃之義乃是跳節而婉愉之愛志色之養蓋其天性也甫弱冠廢舉業專聖學潛心玩繹律己自嚴而常以家貧親老爲憂躬漁獵親炊爨以極滋味定省之餘退坐書室對越經傳而庸學心近諸書無不成誦且邃於易學微辭奧旨多所發明而有時就正於黃皐先生先生每奬

許之晩從櫟泉宋先生遊宋先生亦器重之親病嘗
糞血指沐髮禱天及喪勺水不入口幾不能保其生
及葬廬墓泣血六載如一服闋仍其地立小堂以為
終身瞻慕盤旋之地卽所謂鹿峯書堂〻之名是黃
皐先生所命也每日晨起拜祠展墓訖退與門生難
疑答問分毫析縷天人之辨理氣之別太極陰陽造
化之原連山歸藏乘除之妙必極其歸趣而後已吾
先考老濟府君於公為道義交也公諱彥一字子精
居昌人生於　英廟乙巳十二月二十九日歿於
正宗丁巳二月五日壽七十三以其年三月葬于堂

後撓酉之原從先兆也公之啓手適値釋奠大享而訃至齋儒爲之撤餕人心秉彝之所同於此可見而抑又非公之德感於人而脈之深者使之然歟公天資高明克養有道內積自得之妙外多師友之益以公之才之行之德之學少展其所抱則庶乎可以激濁揚清陶世範俗而懷寶遯世考槃以終宰物者必有司其責者矣於公何有哉第幸生而講道於斯歿而薦苾於斯使後之過是堂者必嘖嘖指點之曰某先生平日藏修之所口已碑矣顧何必區區於三尺之刻哉所以爲此者恐或久而蕪沒無徵謹依郭公

記白鹿舊例叙其梗槩俾録于石後之君子苟有如
朱夫子者出而因是石尋其址嗣而葺之如白鹿書
堂則石亦不為無助而庶斯堂之不朽也銘曰
鹿之山磅礴而峻極兮先生之德鹿之水渟滀而淵
深兮先生之心山不崩而水不渴兮維令聞與之相
終始於是堂於是碑而石不可泐兮後千億可徵諸
彼
崇禎四巳卯仲夏下浣居昌後人愼性恒 撰

奉安時祝文

嶽〻維鹿儲精降英年未髫齔器業老成　潛溪古宅百年祗承孝友因心誠敬服膺百行其源七耋而慕血指嘗甜以至廬墓天反火風人服升鑑家而爲政事〻頂鍼餘力學文雜去浮華理氣太極剔抉爬羅早從黃皐道義相研晚遊櫟門學者莫先斐几薰爐啓鍵真關望儼即温靜虛動間一室詩禮林泉養真薰德者衆到門而淳一部春秋大哉童思平生慷慨義膽北馳晦翁遺志左老傳心發爲章疏允懷好音何天嗇斯夙抱終違鄉無碩德士何考疑一計家

墊杖屨之地百歲滄洲儀節略備士論有正典型極
奠白鹿古洞堂而書院有侐斯廟仍舊修新青衿駿
奇吉蠲良辰驗薦雲罍髣髴耿光保佑儒林永世無
疆

通仕郎行孝陵參奉鄭薆弼謹撰

常享祝文

道本孝悌學透中正警覺來裔發揮前聖

鹿峯書齋記

鹿峯集
奎章閣圖書
部別
分類記號
圖書番號 12027
一部冊數 1
內別番號
서울大學校

鹿峯書齋記

古者庠塾之教尚矣後學之能繼者罕有其人今者智洞居士劉君字子精也好學篤行之士也得乎内而推於外思欲成己而成人於是學徒坌集難容窩室丙戌春成君字汝彬爲之倡議齊聲董力搆成書齋於鹿峯之下心潭之上地界幽閒景致明潤諸子樂得肄業之廣居長師喜有莊修之安舍夏詩冬書絃誦洋洋朝益暮習課業孳孳將見文教之休明何期菁莪之蔚興於今之世而見古之道豈不猗歟一日子精也來余請名齋書扁又請誌其顚末顧余耄

莆精力安堪酬應而既美其事又嘉其意忘拙强力以副其請曰以語諸生曰諸君得師依歸等會勤業慰賀曷量而慕惟文藝末也德行本也徒尚文藝而不務德行則恐或有才勝之患也古今悖道之人夫孰不能文而然哉願須諸君熟讀聖賢之書務得聖賢之心傳文約禮反身體行以孝悌爲本忠信爲主以培其根以達其枝則在家而爲孝悌之善士立朝而爲忠貞之良弼然則豈止爲一洞一鄉之幸也抑爲國家之大幸也顧不偉歟詩曰濟濟多士文王以寧此之謂也幸望諸君勿以耄言而從忽念哉敬哉

勉爲其君子儒

崇禎三丙戌南至日黃臯野老 眷々丙書

重修記

眞洞鹿峯之下有鹿峯書堂越在丙戌成公汝彩與洞中諸益爲劉斯文彥一而經始以爲講學藏修之所黃臯愼先生命名而仍爲之記顧其記先道主翁學不厭敎不倦之工次勉諸生文藝求孝悌本之端語娓々至累百言不已豈非夫子所謂入則孝出則悌行有餘力則以學文之意歟主翁居是堂每鷄鳴而起拜謁家廟退而終日危坐與門生講論經史微

與剖析無餘受業者因其獎進成就者多古所以國有學州有序家有塾者可知其作人之方也噫天道之盈虛有數人事之廢興無常設是堂未一紀而成公已作泉下人其餘存者不知其幾人又於今年夏堂偶失火棟楹窓戶外盡爲灰燼所謂俯仰陳迹而感慨係之者非耶是冬柳君汸與主人重理之請余記其顚末顧余年衰文拙安能當此然而余於是堂之廢興心有所眷戀者故略叙之曰夫興廢堂不獨然也反乎學殆有甚焉聖經是其準繩也賢傳是其棟宇也從事於斯遵而不頗則愚者可明柔者可强而

苟有或作或輟違其繩墨則終歸於鹵莽滅裂之地
可不懼哉堂之廢可有時而興學之廢固難得以興
願爲此八是堂者勉焉

重修上樑文

述夫金徐遠轄蒙之鄉近接林先生故宅白鹿下肥
遯之地遥想李處士幽居造物多猜於藏修再見回
禄之變生徒極力於肯搆重營隷業之方恭惟我鹿
峯先生潛溪肖孫屏山遺學一鄉之善士斯友美哉
私淑諸人十室之忠信猶存展也自得於己嘗聞黄

皐逅老苑爭學行之趍乃櫟泉先師倚歟造詣之出
俗先生樞衣早歲得聞爲學之工負笈中年益覺修
身之術沛乎若揭髻渤海翼然如振羽雲霄先生乃
用晦而明韜光而照爰求考槃之所尋真洞下有覺
真之巖遂卜誅茅之區磨滕峰前得容膝之地一山
梅竹隱隱林君復之風半壑雲烟稍稍李達巖之趣
心廣焉體胖可見君子進修之功德裕而道肥是知
地靈鍾毓之美誨人不倦熟讀聖師之書遯世無憂
實合賢者之志圖書左右益覺性理之原山水中間
漸得仁智之樂不知老之將至得正終而奚疑起感慕

於羹墻克殫螟徒之誠力掃荒屯於煨燼詎沒皐比之芬芳谷口鄭真倍功反築之頹庭下部伯賓贊重營之謀便同龜毛之成氊木石畢具遽見翬飛之出峽工匠告功溪山改觀洞壑增賁茲成短律助擧脩樑兒郞偉抛樑東半落山頭月輪紅戶外清溪鳴瀨瀨盈科注海末流通兒郞偉抛樑南四野風烟擁一庵欲識箇中無限意簷端明月印秋潭兒郞偉抛樑西黃石崔嵬雲共齊樹竹棗麻依昔樣令人却憶舊幽棲兒郞偉抛樑北仰看衆星環斗極縫掖春秋芬苾誠殘西蔡社有前則兒郞偉抛樑上日吉辰良天

炁朗太極圖中理不窮鳶飛魚躍俯而仰兒郎偉抛
樑下覓秘神慳葆此金棟礎不撓安若山生徒講學
三餘暇顧上樑之後青衿濟濟絳帳盈盈尊所聞行
所知式遵師法修其道講其學載振儒風

乙亥十月　日　進士　永陽崔演重

鹿峰書堂序

余嘗聞夫朱夫子鹿洞書院者雖矣而地之相距千有餘里歲之相後千有餘年則徒切景仰之心未見門墻之邃矣去年冬偶以遊山之樂兼有學海之步緩〻到嶺之南安之邑而自其邑山行六七里則洞名曰尋眞〻〻之狮初心可愛者也自其洞又抵六七十步則水色澄清下有安心之潭山光窈窕上出覺眞之巖于時逍遥徜徉問諸樵牧之叟則劉處士之舊居鹿洞也訪其衣冠之士則劉先生之古址鹿洞之處士之號自其隱處而云〻也先生之稱由其道學

而然、也然則先生無處士賢哉美哉而又是地歟
名也鹿洞則慕其朱子之居而稱之歟愛其劉先生
學而名之歟曲、清溪宛然接寒泉之餘波立、奇
峰依然帶武夷之前操三洞中第一五賢後道同地得
人而名彰歟人得地而鍾靈耶既見其地又想其人
則可尋夫其然真之跡故即往于先生後裔之家而
請觀其先生之行狀則先生之後孫明益甫瀟灑等
廬冠帶出見而辭氣謹厚動止安閒待其不速之客
如待舊交接其素昧之人如接相善丈說睦盻便作
膠漆挽余請余曰黌舍雖小學於斯如何云、擇其

淳雅之意則可謂有是祖有是孫矣歌歎山木情付
峨洋而編觀其行狀則一千年水月之鑑載在於太
極之辨說數百篇風雲之際濃得於鶯人之佳句非徒
道學文章而孝出於天仁及於物則事可登聞於
天朝而刺史不能薦公卿不得友惟以獨善之心樂
陋巷之顔瓢筆淮濆之董居一架詩禮付兒孫而勿
替四時俎豆托門人而相習豈不美哉而不勝盛哉余
以糟粕文字幽莽學易優遊於斈舍之傍則庶幾得
緣磨之工夙乃知於後斈有助而非於先生有光宇
方與六七冠童焚香盥手將欲作之讀之朝益暮習

則不可無毅行序文先揭于堂之壁故志拙軒搆序
其所恨之萬一後之覽者亦是有感於斯文矣繼之
詩曰
又於誠正夢閱覓曜帶曾無出見客水活安心潭
下洨峰奇白鹿洞中石前從道德恒能追浮妄芬
華夫自都名未在朝名在堂令人百代更嗟惜
庚寅仲春下澣蟹城散人權　儁

廟室上樑文

述夫自家塾而進道已占鴻漸之吉文建鄉祠而尚賢方營鳥革之宏度杖屨之所俎豆其儀恭惟鹿峰劉先生青邱逸賢黃阜高弟復不遠於三字憶昔屛山翁益堅坐於十年當今白水老貴邱園之素履投襟一山清風觀太極之玄機洗心萬川明月樂夫陶君之有命嗟哉董生之無儔念昔年修藏之墟觀德紛紼而今日仰慕之地師道尊嚴詩禮遺鄉起士林之公議江山古宅挹文藻之餘芳旣有衛斯道之功可無陳其幣之禮緬遺躅於三洞終不可讓芳使矜式於一鄉何莫非敎也微斯人孰與儀莫尚於茨芬

卽其地粧占陰不改於桑梓長隣近於龍门之大院
竊取義於鹿洞之名區猗上仁之攸廬槐新市宻睢
玆土之信美山高水長工殫巧於鳩材楩也楠也士
啓基於龜筮經之營之是非獨隱者之所處亦可見
君子之攸芋松茂竹苞載歌小雅之什上棟下宇盖
取大壯之辭廣觀感於德基莫不精白擬賁歸於仁
宅炳若丹青爰舉脩樑斯陳善頌抛樑東幾多先輩
出吾東試看门外盈科水日夜源〻放海東抛樑南
相傳吾道在山南統簷秀色儒林下爲導軒車作指
南抛樑西真境先尋小洞西敎我生徒師道富世稱

伯起〻闢西祂樑北奎輝皙〻拱辰北升堂揖讓皆
賢流不待陳良遊學北祂樑上不朽有三德太上水
月深宵閒倚欄箇中真樂得心上祂樑下詵〻羣弟
出門下山林遼域祠新成賀鸑鷟飛自上下伏願上
樑之後棟宇不撓制度無文洋〻絃誦仰阜比之遺
儀秩〻蘋膰寓先師之崇報

癸卯四月日通政大夫前行承政院同副承旨兼 經
筵參贊官春秋館修撰官盧光斗 謹撰

저자 녹봉鹿峯 유언일劉彦一(1725~1797)

함양 심진동 하비에 살았다. 교서관 정자 유덕개(劉德蓋, 1537~?)의 5세손이고, 난곡(蘭谷) 우석일(禹錫一, 1612~1666)의 손서이다. 녹봉서당을 세우고 많은 제자들을 가르쳤다. 우암 송시열이 제자가 지촌 이희조이고 지촌의 제자가 노암 이재이고 도암의 제자가 황고 신수이이고 황고의 제자가 녹봉이다. 녹봉은 동시에 동춘당 송준길의 현손 역천 송명흠의 제자이기도 하다. 우암의 북벌사상을 이어 정조대왕에게 상소하여 북벌을 주장하였다. 북학파의 종장 연암 박지원이 안의현감으로 부임하여 용추폭포에서 기우제를 지낼 때 축관으로 참여하고 유모같은 학자는 보기 드물다고 예찬받았다. 제자들이 세워준 녹봉서당은 이후 제자들에 의하여 녹봉서원으로 승격, 제향되었다. 대원군에 의해 헐리고 빈터에 녹봉서당비만 서있다.

편자 김윤수

필명 김윤숭, 대전대학교 철학과 박사과정 수료, 동방대학원대학교 자연치유학 명예박사, 성균관 부관장, 성균관유도회총본부 부회장, 한국고전번역원총동문회 회장, 한국한문학회 평의원, 언양김씨대종회 부회장, (재)언양김씨장학회 이사, 언양대군및사근산성김용휘김상장군숭모회 회장, (사)일두기념사업회 이사장, (사)남계서원 이사, 함양문화원 부원장, 천령문화제수석부위원장, 함양연암문화제 부위원장, 함양산삼축제 자문위원, 함양박물관 운영위원, 지리산문학관 관장, (사)한국문학관협회 이사, (사)한국문인협회 이사, (사)국제펜한국본부 이사, (사)한국시인협회 이사, (사)한국시조협회 부이사장, (사)한국수필가협회 부이사장

鹿峯先生全集

2024년 8월 30일 초판 1쇄 발행

저 자 | 劉彦一
편 자 | 金侖壽
펴낸이 | 김병환
펴낸곳 | 학자원
주 소 | 서울시 강동구 천호대로 1121
전 화 | 02) 6403-1000
팩 스 | 02) 6338-1001
E-mail | hakjaone@daum.net
등 록 | 2011년 3월 24일 제2011-14호

ISBN 979-11-6247-328-3 93810

값 30,000원